# NOTICE

SUR LE

# COMMERCE DE LA BOUCHERIE

# DE PARIS

PAR

M. BORRELLI DE SERRES

Ancien maire de la ville de Mende,
Vice-président honoraire de la Société d'Agriculture de la Lozère,
Délégué au Congrès central depuis 1846,
Ancien inspecteur général des halles et marchés de Paris.

---

EXTRAIT DES *ANNALES AGRONOMIQUES*
DU MOIS D'OCTOBRE 1851.

---

PARIS

GIDE ET BAUDRY,
ÉDITEURS,
5, rue des Petits-Augustins.

GUILLAUMIN,
ÉDITEUR,
14, rue Richelieu.

1851

# NOTICE

SUR LE

# COMMERCE DE LA BOUCHERIE

# DE PARIS

PAR

**M. BORRELLI DE SERRES**

Ancien maire de la ville de Mende,
Vice-président honoraire de la Société d'Agriculture de la Lozère,
Délégué au Congrès central depuis 1846,
Ancien inspecteur général des halles et marchés de Paris.

EXTRAIT DES *ANNALES AGRONOMIQUES*
DU MOIS D'OCTOBRE 1851.

PARIS

**GIDE ET BAUDRY,**
ÉDITEURS,
5, rue des Petits-Augustins.

**GUILLAUMIN,**
ÉDITEUR,
14, rue Richelieu.

1851

Paris. — Imprimerie Gerdès, 14, rue Saint-Germain-des-Prés.

# NOTICE

SUR

# LE COMMERCE DE LA BOUCHERIE

# DE PARIS.

De toutes les réformes qui dans ce moment préoccupent l'attention publique, la mieux comprise et dont les effets se feraient immédiatement et généralement sentir, c'est, sans contredit, celle qui concerne le commerce de la boucherie, parce qu'elle intéresse à la fois l'agriculture de la France et l'alimentation de ses habitants.

Dès le lendemain de la révolution de 1848, les travaux furent interrompus, les ouvriers et les pauvres souffraient; tous demandaient du travail, l'augmentation des salaires ou du pain : ce n'étaient qu'émeutes et désordres. En exigeant l'augmentation des salaires, ils s'adressaient aux patrons, ils ne pensaient pas qu'il était des voies droites et sûres qui pouvaient conduire à l'amélioration de leur sort, sans jeter la ruine et la perturbation partout; mais l'administration chargée plus spécialement de veiller sur leur bien-être pensait pour eux.

Un moment de trêve vint donner un peu de calme aux esprits; pendant que les passions et les agitations de la rue s'apaisaient, l'administration prévoyante mettait ce précieux temps à profit pour conquérir à la cause de l'ordre le cœur de cette population qui demandait du pain ou un travail plus rétribué. Elle avait compris que le seul moyen d'augmenter l'aisance générale et d'élever le salaire de l'ouvrier consiste à diminuer ses dépenses journalières. Sans s'arrêter devant quelques considérations légales et le déplacement d'industrie qui pouvait en résulter si son œuvre était définitivement adoptée, son premier soin fut de chercher à détruire le monopole de la boucherie parisienne, seule cause de la cherté excessive d'un des aliments de première nécessité. Organiser et soutenir la libre concurrence de la vente des viandes était l'unique moyen en son pouvoir; à cet effet, le nombre des marchands bouchers de la banlieue, autorisés à vendre de la viande sur les marchés de Paris, fut augmenté des deux tiers; cette vente, au lieu de se faire deux jours par semaine seulement, devint quotidienne; plus tard on permit au producteur de venir vendre directement au consommateur et par conséquent de se passer d'intermédiaires trop coûteux : on institua donc la vente en gros et à la criée des viandes provenant de l'extérieur de Paris.

Telles furent les premiers essais des améliorations que l'on cherche à régulariser et à développer aujourd'hui; c'était, il faut le reconnaître, une belle et noble pensée échappée trop longtemps aux législateurs et aux administrateurs de la ville de Paris : débarrasser tout commerce de comestibles de première nécessité de ce qui augmente inutilement la valeur, c'était résoudre le problème de la vie au meilleur marché possible, ou plutôt de l'augmentation des salaires la plus réelle, sans porter le désordre dans les rouages administratifs, dans les finances de l'état, et sans dépouiller le riche au profit du pauvre.

Ce programme, qui a reçu un commencement d'exécution dans des moments difficiles, est le plus prudent, le plus réalisable; c'est le seul qui satisfera les intérêts dominants de la production et de la consommation; on n'a plus qu'à le développer et à donner à la concurrence toute l'extension, toute la liberté possible, mais sans sacrifier aucune des garanties d'ordre et de salubrité qu'exige le commerce de la boucherie dans une ville aussi étendue et aussi populeuse que Paris.

Le moment n'est pas venu de prouver par des faits incontestables que ce sont en effet les abus du monopole des bouchers qui sont cause de la détresse des éleveurs et du prix excessif de l'alimentation en

viandes. Nous devons nous contenter dans cet exposé général de poser les questions que nous avons à traiter.

La corporation des bouchers conteste avec une certaine audace, non-seulement les abus, mais l'existence même du monopole; elle se sent attaquée, blessée dans l'endroit vulnérable de son institution, elle cherche à s'abriter derrière l'intérêt public auquel elle prétend être indispensable, et se tient sur la défensive, opposant le bouclier d'une organisation forte et compacte. Elle a un avantage incontestable, celui que lui donne l'antiquité des priviléges qui lui furent toujours maintenus dans l'intérêt du bon approvisionnement de Paris; elle les revendique plus haut aujourd'hui en s'appuyant sur les droits acquis, les conditions onéreuses et les règlemens qui limitent ses prérogatives; elle prétend que son organisation actuelle est, comme aux époques reculées, la seule garantie de l'agriculture et de la consommation.

Cette corporation ne pense pas qu'elle a été la première à déchirer le pacte passé entre elle et le public, en abusant de ses priviléges, en laissant introduire dans son commerce des accapareurs qui faussent le but de l'institution.

Toutes ces précautions n'ont plus de valeur; ces vieilles défroques d'une puissance qui tombe ne sont bonnes qu'à rappeler aux arrière-petits-enfants des Legois, des Thibert, des Caboches, des Dauvergnes, des Essard, des Saint-Yous et des Rolland que leurs aïeux furent d'excellents bouchers, et qu'ils ont constamment tenu les engagements qu'ils avaient pris envers le public. Les temps ont bien changé depuis lors, et cependant nous prouverons tout à l'heure que les dynasties dont nous venons de citer les chefs subirent des épreuves tout aussi cruelles que celle qui met dans ce moment en émoi la boucherie de Paris, et cela pour des causes moins importantes que celles qui dominent aujourd'hui;

Il entre dans notre plan de prouver que les priviléges accordés autrefois à la boucherie parisienne étaient plus restreints et moins onéreux à la consommation et à l'agriculture que ceux dont elle jouit depuis 1791;

Que depuis l'origine de la monarchie jusqu'en 1791, la corporation des bouchers n'a pu abuser de ses prérogatives, tant étaient grandes et complètes la surveillance et les précautions restrictives;

Que les abus les plus graves ont été la conséquence funeste de l'abandon de ces précautions et d'une réorganisation mal comprise depuis 1802.

Nous sommes donc obligé de faire un court historique des anciens règlements de la boucherie, afin de les comparer avec ceux qui la régissent actuellement.

Nous jetterons aussi un coup-d'œil rapide sur l'organisation du commerce depuis 1802, et les ordonnances qui, en abandonnant la surveillance au syndicat, ont encouragé le développement des abus du monopole.

Nous établirons leurs conséquences désastreuses.

Après avoir mentionné les modifications survenues depuis 1848 dans le mode d'approvisionnement des marchés intérieurs de Paris, nous combattrons les propositions émises par le congrès central d'agriculture et présenterons les moyens que nous croyons les plus applicables pour détruire le monopole, organiser une concurrence réelle et sérieuse, afin de ne point laisser l'approvisionnement à la merci de la corporation des bouchers ou des associations industrielles.

### ÉTABLISSEMENT, ORDRE ET PRIVILÉGES DE LA BOUCHERIE PARISIENNE DEPUIS SON ORIGINE JUSQU'EN 1791.

Comme à Rome, il y avait à Paris, sous la première monarchie, un certain nombre de familles chargées du soin d'aller dans les provinces chercher les bestiaux de boucherie, et à elles seules appartenait le droit d'approvisionner la ville de viandes.

Ces familles composaient une espèce de corps ou de société; elles n'admettaient avec elles, dans leur commerce, aucun étranger; les enfants mâles succédaient à leur père à l'exclusion des filles.

Elles élisaient entre elles un chef sous le titre de *maître des bouchers :* celui qui était pourvu de cet office en jouissait sa vie durant; sa juridiction s'étendait sur les autres bouchers; il décidait toutes les contestations concernant la profession ou l'administration de leurs biens communs.

Les bouchers conservèrent cette liberté de choisir l'un d'entre eux pour être leur juge, jusqu'en 1673.

815. — Tant que la ville de Paris fut enfermée dans la cité, il n'y eut qu'un nombre très-limité de boucheries pour satisfaire aux besoins de la population, il semblerait même qu'il n'y en avait qu'une réunissant les divers étaux des bouchers; elle était située au parvis Notre-Dame. Un ancien cartulaire de l'église de Paris, commencé en 815, établit qu'en ce temps-là le chapitre renouvela le bail de cette

boucherie; elle existait donc avant le règne de Louis-le-Débonnaire. D'autres documents constatent que cet établissement subsistait encore au XV^e^ siècle.

Lorsque les Parisiens sortirent de leur île et construisirent un premier accroissement de la ville au nord, les nouveaux citadins étant trop éloignés de l'ancienne boucherie, on en construisit une nouvelle vis-à-vis la forteresse du Grand-Châtelet; on ne comptait alors que dix-neuf familles composant la communauté des bouchers.

Cependant leurs priviléges ne furent pas si bien respectés qu'il ne vînt s'établir d'autres bouchers aux environs, entre autres sur le pont aux Changeurs, où il fut créé vingt-trois étaux qui firent concurrence à la corporation. Selon toute apparence, la profession de boucher et les autres industries furent libres en cet endroit dès le commencement, sans doute pour satisfaire les besoins de la population et afin d'y attirer de nouveaux habitants par l'attrait du bon marché que produisait la libre concurrence; ce principe n'est donc pas nouveau.

1137. — Les bouchers du parvis Notre-Dame supportèrent avec peine ces nombreux auxiliaires qui n'étaient soumis à aucune discipline; ils eurent des différends entre eux; mais Louis-le-Jeune, préférant favoriser la liberté du commerce, priva l'ancienne communauté des bouchers de la juridiction qu'elle avait conservée sur les bouchers libres.

Cette interdiction ne dura pas longtemps : la corporation rentra en grâce, mais il fut convenu qu'elle ferait l'acquisition des boucheries du pont aux Changeurs, ce qui fut exécuté ; elle abandonna la boucherie de la Cité, qui fut exploitée par le chapitre, toujours sous la juridiction de la communauté.

De 1250 à 1333, les halles ou étaux établis aux environs du Grand-Châtelet par les bouchers libres passèrent en la possession de la compagnie; tous ces établissements furent réunis dans la même enceinte, et ce lieu prit le nom de *Grande-Boucherie.*

Les divers accroissements de la ville de Paris nécessitaient encore l'augmentation du nombre des boucheries, et ces créations ne se firent jamais sans exciter la résistance de la communauté : cela se conçoit; aussi fallait-il composer avec elle toutes les fois que l'intérêt public exigeait la création de nouveaux établissements.

Voici l'ordre de leur formation depuis le XI^e^ siècle :

1120. — Les religieux de Saint-Germain-des-Prés établirent une boucherie près leur abbaye.

1282. — Les templiers, du consentement de la communauté des bouchers, élevèrent la boucherie du Temple.

1354. — Le prieur saint Éloi fit construire des étaux à bouchers rue Saint-Paul.

1360. — Des religieux de Sainte-Geneviève établirent la boucherie de la Montagne, qui consistait en plusieurs étaux, toujours avec l'agrément de la grande boucherie.

1370. — Les religieux de Saint-Germain-des-Prés, qui avaient déjà une première boucherie, en firent bâtir une bien plus considérable, et, pour s'émanciper de la juridiction de l'ancienne corporation, la donnèrent à une nouvelle communauté de bouchers.

1375. — La grande boucherie fut considérablement augmentée.

1416. — Les bouchers, joints à la populace, ayant tenu le parti des Bourguignons contre les d'Orléans, livrèrent Paris aux premiers; mais, les d'Orléans devenus plus forts, le roi, pour punir la corporation qui avait fourni les chefs de l'insurrection, ordonna la démolition de la grande boucherie, supprima totalement la communauté des bouchers, révoqua les priviléges, confisqua ses biens, et ordonna que ces bouchers ne feraient plus qu'un même corps avec tous les bouchers de la ville pour être régis comme tous les autres métiers non priviléglés.

De nouvelles boucheries furent donc construites: ce furent celles de Beauvais, de Saint-Leufroy, du Petit-Pont et de Saint-Gervais (celle-ci fut, un an après, transférée dans le vieux marché du Cimetière-Saint-Jean).

1418. — De nouveaux troubles étant survenus, les Bourguignons entrèrent dans Paris et en chassèrent les partisans des d'Orléans. La communauté des bouchers fut reconstituée, rétablie dans ses biens, droits et priviléges; la grande boucherie fut reconstruite; celle de Saint-Leufroy seule fut démolie, parce qu'elle était trop rapprochée de la grande.

1540. — Un arrêt du parlement ordonna la construction de boucheries dans les rues Saint-Martin, Saint-Honoré, à la place Maubert, et autres endroits commodes.

Aussi fut-il fait plusieurs concessions à quelques communautés et à divers particuliers pour établir des étaux en différents quartiers de la ville.

C'est à cette époque que la plupart des bouchers commencèrent à abandonner les marchés publics pour établir leurs étaux dans leur domicile, mais ils restèrent toujours soumis à la surveillance de l'administration et à la juridiction du maître des bouchers.

Par l'historique que nous venons de faire de l'établissement successif des boucheries, il est facile d'apprécier le développement progressif de l'agrandissement de Paris ; mais il nous importe davantage de constater la puissance de l'organisation des bouchers et les causes de cette forme. Elle n'avait d'autre origine que la nécessité de pourvoir Paris d'une alimentation nécessaire. Les difficultés des communications paralysaient à ces époques reculées tout commerce lointain, aussi était-il indispensable d'avoir recours à des gens spéciaux et à des mesures exceptionnelles pour assurer l'approvisionnement. Cependant ces intermédiaires imposés étaient soumis à des conditions sévères qui protégeaient l'ordre, la moralité des transactions et la valeur équitable de la revente à l'étal. En compensation, ils avaient seuls le privilége d'acheter des bestiaux et d'en revendre les chairs ; la plus grande protection leur était assurée sur les routes et dans les marchés ; quels que fussent leurs prix d'achat, ils avaient la certitude de prélever un bénéfice raisonnable, *mais toujours fixé par le contrôle de l'administration.* Lorsque l'accroissement de la population exigeait l'établissement de nouvelles boucheries, soit que les corporations religieuses confiassent l'exploitation de celles qu'elles faisaient construire à d'autres compagnies, soit que les particuliers voulussent établir des étaux dans différents quartiers, le consentement de l'ancienne communauté était indispensable ; elle conservait toujours une espèce de juridiction et de suprématie sur tous les bouchers qui n'étaient point réunis en société.

1358. — Le commerce de la viande était plus particulièrement à la disposition des bouchers de la grande boucherie, c'étaient eux qui étaient responsables et principalement chargés de faire arriver les bestiaux des différentes provinces ; ils y allaient eux-mêmes ou ils y avaient des commissionnaires. Comme leur absence de Paris devait nuire à leurs intérêts et au service assidu qu'ils devaient au public, à cause de la longueur des voyages ou des procès qui les retenaient éloignés, le roi Jean, en 1358, leur accorda la juridiction générale que l'on appelait *garde-gardienne,* ce qui leur donnait le droit d'attirer devant le prévôt de Paris toutes les causes ou les procès qu'ils pouvaient avoir dans le royaume.

Il fut en même temps défendu aux bouchers de faire des acquisitions de bestiaux ailleurs que sur les marchés affectés à ce commerce, dans un rayon de sept lieues autour de Paris. On avait en effet remarqué que les achats partiels faits dans les campagnes nuisaient au commerce; que, les bestiaux étant ainsi divisés, l'abondance ne paraissait nulle part, ce qui augmentait la cherté; la quantité nécessaire était d'ailleurs assez considérable pour forcer les éleveurs et les marchands forains à amener et réunir dans un même marché les animaux destinés à être vendus.

1398. — En 1398, le rayon dans lequel les bouchers ne pouvaient aller au-devant de la marchandise ni acheter ailleurs que dans les marchés, fut étendu à vingt lieues.

1465. — Les propriétaires de la grande boucherie s'étant trouvés réduits à un petit nombre par l'extinction des autres familles, et leurs revenus s'étant augmentés à proportion, la plupart d'entre eux abandonnèrent leurs étaux et les louèrent à des étaliers. Le parlement intervint, et, considérant que l'abandon des anciens usages et des conditions imposées à la communauté était contraire à l'ordre public, il ordonna, par arrêt du 2 avril 1465, que les bouchers de la grande boucherie occuperaient leurs étaux par eux-mêmes ou par des gens à leur service, sous peine d'amende et de confiscation de ces mêmes étaux.

1540. — Pendant que ces choses se passaient à l'égard de la grande boucherie, les bouchers étrangers à la communauté s'étaient rendus propriétaires de certains étaux, et, à l'imitation des premiers, louèrent aux étaliers, de sorte qu'il n'y eut bientôt plus de différence entre le boucher propriétaire et les bouchers locataires. Ceux-ci échappaient en quelque sorte à la surveillance du maître des bouchers; aussi cherchèrent-ils à faire augmenter le prix des viandes et à introduire d'autres abus; mais le parlement rendit aussitôt un arrêt, en 1540, par lequel tout boucher qui n'occuperait pas en personne serait privé de son étal, et qu'aucun étal ne serait transmissible à des héritiers qui n'exerceraient pas la profession de boucher.

1587. — Cependant cet arrêt dispensait les propriétaires de la grande boucherie d'occuper en personne, sans doute pour leur donner le loisir de pourvoir à l'approvisionnement; ils profitèrent de la permission pour louer de nouveau leurs étaux aux autres bouchers de la ville et des faubourgs. Aussi la grande boucherie fut bientôt remplie de compagnons et d'étaliers sans qualité, sans expérience et sans probité. Il s'y commettait d'énormes abus, qui eurent pour résultat l'enchérissement des viandes; mais, sur les plaintes portées au roi Henri III en 1587, tous les bouchers de Paris furent réunis en une seule communauté, et de nouveaux statuts leur furent donnés. Il n'y eut plus de distinction entre les bouchers; les lettres patentes ne leur attribuaient d'autre qualité que celle des maîtres bouchers en la ville de Paris.

Inutile de décrire les différentes variations qu'a subies la communauté depuis 1587 jusqu'en 1791. Nous renvoyons nos lecteurs aux arrêts, édits et règlements de 1567, 1587, 1597, 1661 et 1776, qui attestent qu'à toutes les époques, lorsque l'intérêt public l'a exigé, les magistrats de la ville de Paris ont fait bonne justice des abus qui s'introduisaient dans le commerce, sans avoir égard aux vieux priviléges ni aux services rendus par la communauté.

### PRINCIPALES CONDITIONS IMPOSÉES AUX BOUCHERS POUR ASSURER L'APPROVISIONNEMENT ET LE MEILLEUR MARCHÉ POSSIBLE.

1100. — Nul aspirant n'était reçu maître boucher s'il n'était âgé de vingt-cinq ans, et s'il n'avait travaillé en qualité d'apprenti pendant trois ans, ce dont il justifiait par brevet passé devant notaire et dûment contrôlé.

Le fils de maître était reçu à dix-huit ans, à la même condition.

Les aspirants étaient tenus de justifier de leurs bonnes vie et mœurs; ils subissaient un examen de deux heures en présence du maître, des bouchers et de trois maîtres ou députés, et n'étaient admis que si leur capacité était reconnue à la pluralité des voix.

1689. — Il était défendu à tout maître de prendre un apprenti s'il n'était reconnu apte par les jurés (sentence de police de 1689).

1350. — Un règlement de 1350 porte: « Les bouchers de la ville, prévôté et vicomté de Paris ne pourront aller au-devant des animaux en chemin d'être conduits au marché, qu'ils ne doivent acheter dans les étables ou ailleurs, qu'aux lieux à ce accoutumés. Les heures de la tenue des marchés y sont fixées. Les bouchers jureront par leur serment que, loyalement, ils feront le calcul de tout ce que les bêtes qu'ils tueront ou vendront leur coûteront; que, sur le total du prix, ils rabattront *vingt sols* (cela apparemment pour leurs frais), et que, pour le surplus, ils en prendront seulement deux sols par livre, à peine d'être privés du métier et d'être condamnés à amendes arbitraires. »

Des arrêts du parlement, en 1465, 1470 et 1491, ordonnent des mesures administratives ayant pour but d'assurer l'exécution du règlement de 1350.

1540. — Les bouchers ayant cherché à éluder ces prescriptions, le parlement établit, en 1540, quatre précautions pour s'opposer à l'avidité des bouchers,

Par la première : « Le boucher, en achetant les bestiaux sur les marchés, était contraint d'en faire enregistrer le nombre et le prix. De quinzaine en quinzaine, le prix des chairs qui étaient vendues au détail dans les boucheries était confronté en audience publique de police avec le registre d'achat, et, s'il y avait entre ces prix une injuste proportion, le boucher était passible d'une amende de dix marcs d'argent, et, en cas de récidive, d'interdiction de son métier. »

Par la seconde : « Pour ôter aux bouchers le prétexte d'enchérir les viandes par le motif que le loyer de l'étal était élevé, ce loyer fut fixé à 20 livres par an. Le bailleur et le preneur étaient soumis à la même peine des dix marcs d'argent, s'ils contrevenaient à cette décision par ruse ou autrement. »

Par la troisième : « Il fut défendu à chaque boucher d'avoir plus d'un étal dans une boucherie, et injonction leur fut faite d'y exercer le commerce en personne ou par un domestique. »

Enfin la quatrième : « Interdisait aux bouchers, sous les peines ci-dessus énoncées, de faire entre eux aucune société ou convention ayant pour but d'accaparer ou de faire enchérir les viandes. »

Des mesures étaient également prises pour assurer la surveillance des viandes exposées en vente.

« Tous les ans, il était élu quatre jurés chargés de vérifier les chairs dans les boucheries ; elles ne pouvaient être mises en vente qu'après qu'elles avaient été visitées par l'un des jurés, sous peine d'amende et de punition corporelle. » (Arrêtés de 1540 à 1551.)

670.—1540. — L'usage du serment qui engageait le boucher à modérer ses bénéfices date de l'origine de la boucherie ; chaque année, il promettait devant un magistrat « de ne s'occuper que de l'approvisionnement de Paris, de faire venir de la province les bestiaux nécessaires, ou d'aller les acheter dans les marchés, de revendre les viandes au détail, saines et de bonne qualité et à prix modéré, de tenir constamment son étal fourni, enfin de se conformer aux règles existantes. »

Ce serment et l'intérêt de leur propre fortune furent des motifs assez puissants pour engager les bouchers à remplir les conditions qui leur étaient imposées, et en effet la ville de Paris fut toujours suffisamment pourvue de toutes les provisions de viandes nécessaires à la subsistance de ses habitants.

Telle a été l'origine de cette corporation des bouchers, si utile à l'alimentation régulière de Paris, et qui, dans les temps de trouble et de guerres civiles, a joué un rôle assez important pour que l'histoire en ait conservé le souvenir.

Il est très-essentiel de remarquer que les priviléges étaient fort restreints et que les charges qui en étaient la condition en diminuaient bien l'importance.

Ils conféraient à certains individus le droit d'acheter des bestiaux et d'en revendre la chair au détail; mais ce monopole exclusif était une nécessité dans ce temps-là, et l'autorité ne la maintenait que dans l'intérêt des producteurs et des consommateurs, et non dans celui des bouchers.

Les minutieuses précautions dont leur commerce était entouré, ce serment, ces déclarations de prix d'achat, ce contrôle journalier du prix de revente au détail, démontrent jusqu'à quel point on cherchait à assurer au consommateur la quantité nécessaire, la bonne qualité et *le bon marché*. Les abus qui pouvaient surgir à l'abri des priviléges étaient réprimés par des peines diverses; l'autorité municipale, le parlement et le roi intervenaient aussitôt qu'ils apparaissaient.

Les documents qui nous fournissent les renseignements que l'on vient de lire fourmillent d'arrêtés, de statuts et de règlements n'ayant d'autre but que celui d'assurer la bonne qualité ou le bon marché, et de mettre obstacle aux abus du monopole. Les associations entre bouchers, les achats en gros, le rachat des animaux sur pied, la vente à la cheville, le regrat, étaient impraticables; chaque boucher était homme du métier, il achetait et revendait lui-même : telles étaient les garanties d'une concurrence réelle, avantageuse au producteur et au consommateur; ces conditions n'existent plus depuis 1791.

## LA BOUCHERIE DEPUIS 1791 JUSQU'EN 1830.

Nous venons de poser le plus rapidement possible les conditions de la boucherie de Paris depuis son origine jusqu'en 1791, époque à laquelle un décret du 13 mai abolit ses priviléges et proclama la liberté commerciale sans limites, sans ces mesures essentielles au bon ordre et à la salubrité.

« D'affreux désordres s'ensuivirent; des viandes gâtées furent mises en vente dans les rues, dans les places, jusque dans les allées et sous les portes des maisons; de là un spectacle dégoûtant et une énorme déperdition de matières. » (Rapport au roi, 18 octobre 1829.)

Après dix ans de cette déplorable expérience, un décret de 1802 réorganisa la corporation de la boucherie, imposa un cautionnement de 1000, 2000 ou 3000 francs, selon la classe, à chaque boucher, réserva à l'autorité leur nomination, et leur rendit en quelque sorte ce que nous avons appelé leurs priviléges; mais, en prescrivant des mesures de sûreté générale, ce décret négligea les anciennes précautions qui limitaient les bénéfices, la nouvelle législation ne le permettait plus; aussi, les obstacles à l'avidité des spéculateurs ayant disparu, il devait nécessairement s'introduire des abus dans le monopole du commerce de la boucherie.

Les ordonnances qui succédèrent au décret de 1802 ne furent pas plus explicites et plus sévères à cet égard. Vainement ont-elles cherché à défendre le public contre les exactions des monopoleurs, tantôt en diminuant, tantôt en augmentant le nombre des bouchers, pour les exciter à se faire concurrence entre eux et obtenir le bon marché: elles n'ont fait qu'aggraver le mal; car chaque mesure dictée par les besoins publics était compensée par de nouvelles concessions en faveur de la puissante corporation des bouchers, si bien que, depuis 1830, elle a toutes les allures d'une administration publique.

Voici quelles ont été les modifications apportées au personnel de la boucherie depuis 1791.

Avant 1791, le nombre des bouchers était de 230. De 1791 à 1802, le chiffre a sensiblement varié, puisqu'il était illimité; mais pendant cette dernière année il s'élevait à 586, sans compter 300 détaillants, approvisionnant les halles et marchés, et la multitude de colporteurs dont le chiffre s'élevait, dit-on, à 6 ou 700. En 1808, on exigea que, pour être admis, les étaliers se procurassent deux fonds de commerce, dont l'un serait supprimé. En 1810, le nombre des bouchers fut réduit à 450; en 1811, un nouveau décret le limita à 300; en 1822, il fut fixé à 370; en 1825, une ordonnance prescrivit « que 100 nouvelles permissions pourraient être accordées dans chacune des années 1825, 1826 et 1827, et qu'à dater du premier janvier 1828, le nombre des étaux cesserait d'être limité (1). » Les bouchers de Paris étaient au

(1) On doit remarquer que, dans l'intervalle de 1802 à 1829, la boucherie de Paris a eu une grande crise à traverser. En 1825, Charles X, voulant encourager la reproduction des bestiaux par la concurrence des acheteurs, favoriser l'engrais et faire diminuer le prix de la viande de boucherie, tout en faisant augmenter le prix des animaux sur pied, tenta d'arriver progressivement à la délimitation du nombre des bouchers et à la liberté de cette industrie; il abrogea cette ordonnance en 1829.

nombre de 514, lorsqu'en 1829 une autre ordonnance les réduisit à 400 ; les étaux en activité devaient être successivement rachetés par le syndicat, et supprimés jusqu'à réduction du nombre au chiffre de 400; il est aujourd'hui de 501.

ORDONNANCE DE 1830.

La dernière ordonnance, concernant le régime et la discipline du commerce de la boucherie, date du 25 mars 1830. C'est une véritable charte en 301 articles divisés en XII titres. Elle règle les attributions du syndicat, la police des abattoirs et ce qui concerne la sûreté, la salubrité, la surveillance du personnel de ces établissements, de la fonte des suifs, des issues des bestiaux; fixe les droits de la ville; établit les conditions imposées aux étaliers et garçons bouchers; indique des dispositions particulières aux marchés à bestiaux, au mode d'achat, à la conduite des animaux, enfin toutes les mesures propres à garantir les facilités de l'approvisionnement; assure la police de la halle et des autres marchés à viandes dans Paris, etc.

Cette ordonnance règle donc tout ce qui a rapport au système de l'approvisionnement et aux conditions d'ordre et de sécurité publique. Les dispositions restrictives y abondent, les peines les plus sévères y sont formulées contre les bouchers qui n'achètent pas directement et personnellement sur les marchés autorisés, de même qu'on y prohibe la revente sur pied, le regrat, l'accaparement et la vente en gros des chairs, ce que l'on appelle aujourd'hui vente à la cheville (1).

Toutes ces prescriptions devaient s'opposer à ce que les éleveurs fussent à la merci des bouchers, et par suite la viande à vil prix sur les marchés et chère à l'étal; mais elles n'ont pu être mises à exécution: on n'a pu faire obstacle à la vente à la cheville, qui est devenue la base et la principale cause des graves abus qui se sont introduits dans le commerce. Il était, en effet, impossible qu'en quelques mois, un si grand nombre de bouchers devinssent aptes à acheter les animaux sur pied; la plupart chargèrent de ce soin des collègues plus habiles qu'eux, et peu à peu, sans que l'administration ait pu y mettre obstacle, les bouchers les plus capables et les plus riches se sont em-

(1) La vente à la cheville se fait dans les abattoirs de Paris; cinquante ou soixante marchands en gros achètent les quatre cinquièmes des animaux sur les marchés de Sceaux et de Poissy, les font abattre, en divisent les chairs par quartiers, et les suspendent à des chevilles en fer; c'est là que trois cent cinquante bouchers parisiens vont faire leur approvisionnement.

parés du commerce en gros, ils ont nécessairement placé sous leur dépendance les producteurs qui conduisent leurs bestiaux à Sceaux et à Poissy et les bouchers moins riches qu'eux qui n'avaient aucune connaissance du métier.

Cette ordonnance aurait voulu, mais n'a pu faire mieux que ce qui réglementait autrefois la boucherie; pour que ses dispositions fussent applicables, il eût fallu faire revivre les précautions dont les décrets et arrêts de 1350, 1465, 1470, 1491, 1540 et 1776 entouraient ce commerce pour assurer le meilleur marché possible et éviter les abus du monopole.

L'administration, malgré ses efforts, a été impuissante à les réprimer; elle n'a même pu, en fixant le prix de la viande, mettre obstacle à la cupidité des marchands en gros, la taxe étant impossible, parce qu'il faudrait pouvoir avant tout établir la valeur de chaque animal abattu; mais la variété des espèces, du degré d'engraissage et vingt autres causes sont des empêchements invincibles.

Ainsi, depuis la liberté absolue de 1791 et les diverses réglementations faites de 1802 à 1830, la boucherie de Paris est rentrée dans la plénitude de ses priviléges, débarrassés de tout ce qui les restreignait et de tout ce qui garantissait à la population le prix équitable des viandes.

L'ordonnance de 1830 étant incomplète, et les prescriptions relatives à la police des marchés et aux conditions d'aptitude imposées aux bouchers n'étant plus mises à exécution, il ne pouvait en résulter que des abus et des désordres. Mais, dira-t-on, ces abus devaient être connus et réprimés par l'autorité; c'est ce qui n'a pas été facile, car le titre Ier de l'ordonnance a interposé le syndicat entre l'industrie bouchère et l'administration légale; il a abandonné aux bouchers eux-mêmes la surveillance des marchés à viandes, des étaux particuliers, des abattoirs; il leur a confié la police de ces établissements du commerce et de l'approvisionnement: cette délégation de pouvoirs devait être suivie de fâcheuses conséquences. En effet, les représentants de la boucherie ne pouvaient préférer l'intérêt administratif à celui de leurs confrères; or, comme toute corporation privilégiée tend toujours à se débarrasser de ce qui gêne sa liberté et met obstacle à son avidité, celle dont nous parlons a bientôt foulé aux pieds les règlements, et le syndicat n'a pu ni osé sévir contre ceux qui l'ont élu; il a naturellement cherché à cacher ou à pallier les contraventions. C'est à l'abri de ce silence que la vente à la cheville s'est créée, et que d'autres licences se sont perpétuées. Telle a été la conséquence des dispositions du titre Ier de l'ordonnance que nous croyons devoir discuter.

Quand on examine les dispositions du titre Ier de cette ordonnance, on est étrangement surpris d'y trouver que, contrairement à tous les précédents, elle confie aux bouchers eux-mêmes ou à leur syndicat la surveillance qui intéresse à un si haut degré la salubrité, la discipline et tout ce qui garantit, en un mot, l'ordre public. La police de la conduite des bestiaux, celle des abattoirs et autres établissements affectés à la boucherie, l'examen des viandes dans les étaux publics et particuliers, dans les casernes et dans certains hospices; ces importantes attributions, qui ne peuvent être sans danger confiées à d'autres qu'à l'autorité responsable, sont cependant dévolues au syndicat. Il n'y a même pas partage d'autorité entre l'administration et le corps de la boucherie; l'ordonnance ne réserve en quelque sorte au préfet qu'un contrôle et le droit de décider sur les propositions du syndicat, puisque c'est celui-ci qui a la surveillance directe, et peut seul dénoncer les contraventions.

En fait, l'autorité du haut fonctionnaire qui représente l'intérêt public est illusoire, elle n'a pas une action directe, ou tout au moins elle n'intervient que lorsqu'elle est appelée. Voici les dispositions de l'ordonnance :

« Titre Ier. Article 7. — Il y aura six inspecteurs de la boucherie, et plus s'il est nécessaire, *pour surveiller* toutes les *contraventions aux règlements* qui pourront se commettre, *réprimer le mercandage et concourir avec le syndicat à l'exécution de toutes les mesures* JUGÉES NÉCESSAIRES DANS L'INTÉRÊT GÉNÉRAL.

« Ces six inspecteurs seront *proposés par le syndicat* au préfet de police et nommés par ce dernier.

« Ils sont chargés de la surveillance des abattoirs, d'y faire exécuter les dispositions que nécessite la manutention dans les échaudoirs; *de la vérification de la sanité des animaux* entrant dans ces établissements pour y être abattus ; *de celle des viandes qui en sortent, de leur inspection dans les marchés publics, dans les étaux particuliers;* de veiller sur la conduite des bestiaux des marchés à Paris, etc. (aux abattoirs de Paris).

« Art. 8. — Le syndicat nomme les 18 surveillants affectés aux abattoirs, non-seulement dans l'intérêt du commerce, *mais encore dans celui de la sécurité et de la salubrité de ces établissements.*

« Art. 10. — Les inspecteurs seront *choisis* parmi les anciens bouchers ou fils de bouchers.

« Art. 11. — Le syndicat connaîtra, par voie de conciliation, des difficultés

contentieuses qui s'élèveront, soit entre les bouchers respectivement, soit entre les bouchers *et les marchands de bestiaux.*

« Art. 19. — *Les inspecteurs et surveillants sont aux gages du bureau de la boucherie.*

« *Le syndicat règle le service des inspecteurs et des surveillants; ces derniers sont placés sous les ordres du préfet de la police et des inspecteurs de la boucherie.* » (Voir l'art. 10.)

Ainsi l'ordonnance de 1830 ne se contente pas d'accorder à la communauté des bouchers ses anciens priviléges, elle lui donne une autorité de droit et de fait qu'elle n'a jamais eue; elle place à côté de l'administration légale, qui représente l'intérêt public, un syndicat qui a des intérêts opposés et l'omnipotence que lui confère l'ordonnance à défendre, qui est soumis à l'influence de ceux qui le nomment, dont il doit protéger les volontés et cacher les contraventions sous peine de perdre leur confiance et l'honneur de les représenter.

Voilà donc la boucherie, qui devrait être surveillée, se surveillant elle-même par des agents désignés, payés par elle, et qui sont entièrement sous sa dépendance. Cette situation est des plus fausses, elle embarrasse l'administration de la préfecture, elle lui suscite des tiraillements et des luttes incessantes. Le syndicat contrôle et discute ses décisions, intimide ses agents, et, s'appuyant sur le titre Ier de l'ordonnance qui lui a livré la plus grande part de l'administration, use et abuse de l'influence qui en est la conséquence.

Ce titre Ier de l'ordonnance est une de ces erreurs qui se produisent trop souvent dans les questions où l'intérêt général se trouve en présence de celui d'une compagnie puissante.

En 1844, le préfet de police, M. Delessert, comprit que l'administration avait perdu sa prééminence dans la question de la boucherie, que son action était réduite à un simple enregistrement, que sa surveillance était nulle ou inefficace. Aussi, le 9 avril 1844, il rendit un arrêté par lequel « les inspecteurs de la boucherie étaient placés sous les ordres exclusifs de l'inspecteur général, et celui-ci restait chargé de diriger leurs services, de manière à concilier leurs devoirs envers l'administration et la surveillance qu'ils ont à exercer dans l'intérêt privé du commerce de la boucherie. »

ARRÊTÉ.

« Article 1er. — Les inspecteurs de la boucherie sont exclusivement placés sous la direction de l'inspecteur général des halles et marchés pour toutes les parties du service qui sont d'ordre public, *et n'en doivent compte qu'à lui.* »

Cet arrêté modifiait l'ordonnance de 1830; aussi, quand l'administration a voulu le mettre à exécution dans le courant de l'année 1850, le syndicat a-t-il crié à l'illégalité et demandé la révocation des inspecteurs de la boucherie, qui, proposés et payés par lui, s'avisaient d'exécuter les ordres de l'inspecteur général.

## DU MONOPOLE ET DE SES ABUS.

Le Mémoire présenté par la boucherie de Paris à la commission créée en 1850, en repoussant cette accusation du monopole, si facile à produire, si difficile à prouver, dit-il, en fait en ces termes la définition :

« Non, il n'est pas vrai que les bouchers puissent exercer un monopole au détriment du public; ce monopole ne consiste pas, en effet, dans l'exercice d'une profession par un nombre déterminé de personnes, mais dans l'abus que peuvent faire ces personnes de leur position privilégiée..... Or, pour que les bouchers puissent abuser, il faudrait..... qu'il leur fût loisible de profiter de la baisse des bestiaux pour les acheter, etc..... 500 bouchers ne sauraient faire la loi aux consommateurs, puisqu'ils ont besoin, au contraire, de se faire concurrence entre eux pour attirer la clientelle par le prix et la qualité.... Voilà ce qu'on oublie toujours en signalant un monopole, là où il ne peut jamais exister. »

Nous acceptons cette définition du monopole : c'est une arme que nous prête le syndicat.

Quoi! n'est-ce pas déjà un monopole, lorsqu'une industrie est circonscrite entre les mains d'un nombre déterminé de personnes, et que la loi défend à nulle autre de s'immiscer dans cette industrie? Mais ne disputons pas sur ce point; nous ne voulons attaquer ce monopole que parce qu'il a pris un caractère désastreux.

Le Mémoire dit que le monopole résulte de l'abus qu'en font les personnes privilégiées.

Eh bien! n'est-il pas facile de prouver que, si ce n'est pas la corporation entière qui abuse et profite du monopole, c'en est au moins une importante fraction; que cette fraction résume en elle, à quelques exceptions près, tout ce qu'il y a de plus riche, de plus capable parmi les bouchers de Paris; qu'elle a su monopoliser la plus grande partie du commerce au détriment, non-seulement du consommateur, mais même de ses coprivilégiés?

En effet, sur 501 bouchers, il en est 150 qui font par eux-mêmes l'achat des animaux sur pied dans les marchés; encore, sur ce nombre, en est-il qui ne vont à Sceaux et à Poissy que fort rarement, et pour ainsi dire pour s'informer des cours ou par curiosité. Mais, si l'ignorance du métier ou le peu de fortune éloignent des marchés la plus grande partie des bouchers, sur les 150 dont nous parlons, il en est 50 environ qui, comme nous l'avons déjà dit, possédant les capitaux et les connaissances nécessaires, spéculent et profitent de l'ignorance des autres. Ils achètent les 4 cinquièmes des animaux sur pied et en revendent les chairs à la cheville à ces 350 individus auxquels nous ne pouvons donner que le titre de marchands de viandes. Ceux-ci trouvent un grand avantage à fournir ainsi leurs étaux; ils n'achètent aux chevillards que la quantité et la qualité qui convient à leur commerce, n'ont à courir aucune chance de perte sur la vente du sang, des peaux, des suifs, des abats, etc., trouvent dans les crédits que leur font les marchands en gros les facilités les plus grandes, économisent le temps et les frais qu'exigeraient leurs voyages aux marchés de Sceaux et de Poissy, enfin se rendent parfaitement compte de leurs opérations, puisqu'il n'y a plus d'inconnu pour eux. Telles ont été les causes qui ont facilité l'établissement des chevillards et qui ont fait disparaître toute concurrence.

Il nous semble que c'est bien là le monopole, ou il n'en fut jamais.

Quant à l'abus résultant de la position privilégiée,

N'est-il pas constant, ne naît-il pas de la situation de l'industrie de ces 50 individus, marchands en gros aux marchés de Sceaux et de Poissy, et chevillards aux abattoirs?

« Ils ne profitent pas de la baisse des bestiaux pour en acheter, » dit le Mémoire. C'est une dérision. Ce sont eux qui, invariablement, établissent la valeur des animaux sur les marchés : la quantité de leurs achats et leur petit nombre leur en facilitent le moyen; les éleveurs sont donc à leur discrétion. Peut-il en être autrement?

Ne sont-ils pas également maîtres du commerce de débit dans Paris? S'ils achètent les 4 cinquièmes de l'approvisionnement dans les marchés spéciaux, ils les revendent et les distribuent, aux conditions qui leur plaisent, à 350 marchands de viande. Il n'est pas de discussion possible sur les prix entre le chevillard et son client; celui-ci est toujours son débiteur, et le crédit qu'il lui fait facilite son commerce.

N'y a-t-il pas là abus de position?

« Les 501 bouchers de Paris ne sauraient faire la loi aux consommateurs, parce qu'ils ont besoin de se faire concurrence, » ajoute le syndicat. Mais cette concurrence peut-elle exister, ou du moins peut-elle être profitable au consommateur, alors que le prix d'achat à la cheville, étant très-élevé, ne laisse pas assez de marge aux bénéfices que doivent faire les 350 bouchers revendeurs qui s'y fournissent? — Il n'existe, disons-le, qu'un semblant de concurrence, c'est celle de 100 bouchers environ qui achètent eux-mêmes aux marchés et remplissent les conditions de l'état; cependant, ceux-ci profitent naturellement des prix d'achat aux marchés à bestiaux établis par les chevillards et du cours de la vente au détail qui résulte du prix de la vente à la cheville. Cette concurrence n'est donc pas réelle, *et la définition du monopole donnée par le Mémoire s'applique parfaitement à la situation de la boucherie parisienne.*

Les représentants de l'estimable corporation des bouchers prétendent que le monopole ne peut jamais exister; cependant il a été dénoncé plusieurs fois déjà, dans des actes administratifs, entre autres dans le rapport au roi qui précède l'ordonnance de 1829. On s'étonne avec raison que le syndicat défende un état de choses que la plupart de ses membres réprouvent, parce qu'il est contraire aux intérêts des consommateurs et du plus grand nombre de leurs confrères.

Le monopole n'a pu s'introduire dans le commerce de la boucherie, tant que celui-ci a été sous l'empire des règlements antérieurs à 1791. En effet, les arrêts du parlement prescrivaient un serment annuel qui limitait les bénéfices des maîtres bouchers; quand la religion du serment fut méconnue, on établit des conditions telles que ces bénéfices étaient déterminés et régulièrement contrôlés tous les quinze jours par un magistrat : or, point d'abus possibles à cet égard.

Il existait une véritable concurrence entre tous les bouchers, non-seulement parce que leur nombre était toujours proportionné aux besoins de la population, mais parce qu'ils étaient tous sur le pied d'une égalité parfaite, que chacun d'eux avait les connaissances du métier, qu'il exerçait et remplissait la condition imposée à la profession, achat par lui-même des animaux sur pied et vente à l'étal.

Les conditions actuelles de la boucherie n'offrent plus les mêmes garanties, ou du moins celles imposées par l'ordonnance de 1830 sont tombées en désuétude; il n'y a plus d'apprentissage de trois ans, plus d'examen, etc.; on ne fait plus aux bouchers de Paris l'obligation d'acheter les animaux sur pied dans les marchés autorisés : le plus grand nombre se fournit aux abattoirs et à la cheville, le regrat se fait ouvertement, les bouchers chevillards vont ou envoient au devant des bestiaux et les achètent avant leur arrivée sur les marchés.

### CONSÉQUENCES DU MONOPOLE.

Cette situation du commerce de la boucherie a eu pour conséquence de mettre à la merci des marchands en gros ou chevillards les éleveurs de bestiaux; ceux-ci, ne pouvant vendre ailleurs qu'à Sceaux et à Poissy, sont inévitablement sous la dépendance des premiers, car les animaux non vendus sont obligés d'aller d'un marché à l'autre et réciproquement, et cela avec la perspective assurée de frais considérables, sans espoir de vendre plus cher; ils sont donc forcés de subir la loi des acheteurs, qui sont en petit nombre et qui s'entendent.

Cette même influence s'étend sur les marchés de détail dans les étaux. Cela est si vrai que, lorsque la viande est tombée à bas prix à Sceaux et à Poissy, jamais le consommateur de Paris n'en a profité, les cours dans les étaux sont restés les mêmes, et, quels que soient les événements, les mesures prises par l'administration, même lorsqu'en 1848 elle a supprimé les droits d'entrée, ils ont toujours été maintenus au même niveau.

N'est-ce pas là la preuve évidente de l'existence du monopole le plus déplorable? Ne doit-on pas reconnaître qu'il a fait enchérir les viandes dans une proportion énorme; qu'il a, par conséquent, porté un coup fatal à la production, en faisant diminuer les quantités consommées, aussi bien qu'en enlevant à l'ouvrier et au pauvre leur part de cette substance alimentaire de première nécessité?

Les deux tableaux suivants constatent la quantité d'animaux consommée à Paris : le premier, de 1780 à 1791; le second, de 1840 à 1850. En les comparant, on trouvera un enseignement curieux et triste en même temps sur la position agricole de ces deux époques et sur l'énorme réduction survenue dans la quantité consommée par chaque habitant de Paris depuis soixante ans.

Il se consommait, année moyenne, de 1780 à 1791 :

| | | | |
|---|---|---|---|
| 60,000 bœufs, qui, à. . . . . | 345 kilogr. | donnent | 20,700,000 kilogr. |
| 200,000 veaux, qui, à. . . . . | 63 — | | 12,600,000 — |
| 416,000 moutons, qui, à . . . | 20 — | | 8,320,000 — |
| | | Total par an. . . . . | 41,620,000 kilogr. |

La population de Paris étant, à cette époque, de 621,000 habitants, chaque individu consommait 67 kilog. 29 gr. de viande.

La moyenne de la quantité vendue de 1840 à 1850 pour l'approvisionnement de Paris est de :

| | | | | |
|---|---|---|---|---|
| 80,995 bœufs, qui, à. . . . . | 345 kil., | donnent | 27,943,448 kil. | par an. |
| 15,186 vaches, qui, à . . . . | 240 | — | 3,644,640 | — |
| 70,727 veaux, qui, à . . . . | 63 | — | 4,455,801 | — |
| 475,777 moutons, qui, à. . . | 20 | — | 9,515,540 | — |
| | | Total. . . . . | 45,559,429 kil. | par an. |

La population de Paris étant de 1,053,897 habitants, chaque individu consomme en moyenne 43 kilog. 22 gr.

Ainsi la population s'est augmentée de plus de 4 dixièmes de 1791 à 1850; l'approvisionnement est à peu près resté le même, et la proportion des viandes consommées par chaque habitant est descendue en soixante ans de 67 kilog. 29 gr. à 43 kilog. 22 gr.; différence, 24 kilog. 07 gr., près d'un tiers.

On ne manquera pas de prétendre que l'une des causes de la diminution remarquée provient de l'accroissement donné au commerce de diverses autres denrées, tel que ceux du jardinage, de la volaille, du gibier et du poisson. Mais si le riche mange un peu moins de viande, ce qui est contestable, les ouvriers, les gens gênés et les pauvres n'ont pas dû abandonner un aliment plus substantiel et toujours comparativement meilleur marché, pour se nourrir de poisson, de gibier, de volaille et de légumes, substances moins nutritives et plus recherchées par les individus aisés; par conséquent, c'est sur la classe pauvre que pèse tout entière l'énorme réduction de la consommation de la viande que nous venons de constater.

Le syndicat, dans son Mémoire, prétend que la viande à bon marché existe pour la classe ouvrière; qu'il y en a dans tous les étaux à 30, 35 et 40 c. le kilogramme.

Tous les bouchers eux-mêmes répondront que les petits ménages et les ouvriers de Paris ne sont pas dans l'usage de consommer la troisième qualité des viandes, par le motif qu'elle a été de tout temps réservée pour les troupes de la garnison. Les plus aisés n'emploient donc que la deuxième qualité, mais les plus gênés et les pauvres, soit que la quantité des troisièmes manque, soit encore le trop d'élévation du prix, en mangent peu ou pas du tout.

Le nombre de ces malheureux, au nom desquels « les philanthropes égoïstes, » dont parle le syndicat, ont fait entendre leur voix, est d'environ 200,000.

### BÉNÉFICES DES BOUCHERS.

Il ne suffit pas de prouver que le monopole existe, il faut également établir qu'il en résulte des bénéfices abusifs pour les bouchers, au détriment de la consommation et de la production.

Nous le constaterons de plusieurs manières; chaque calcul établira la véracité de l'autre, et l'on ne nous accusera pas d'avoir commis des erreurs.

1° Par le compte d'achat d'un animal sur pied, comparé avec les produits de la vente des viandes dépecées; 2° par le compte général et annuel des quantités achetées et revendues par la boucherie de Paris; 3° par la différence des prix d'achat sur les marchés à bestiaux et les résultats obtenus à la vente à la criée; 4° par la différence entre les prix de vente à ce marché à la criée et ceux de la vente dans les étaux des bouchers.

### TABLEAU COMPARATIF DU PRIX D'ACHAT D'UN ANIMAL SUR PIED (1) ET DU PRODUIT DES VIANDES VENDUES A L'ÉTAL.

| | | |
|---|---|---|
| D'après les mercuriales, la moyenne du prix d'un bœuf sur pied, première qualité, est de 91 cent. par kilogramme. Un bœuf normand ou charolais du poids de 457 kilogrammes coûte donc sur le marché de Poissy. . . . . . . . . . . . . . . . . . . . . . | 415 | 87 |
| Il faut ajouter à cette somme : | | |
| 1° Les frais de conduite du marché à l'abattoir. . . . . . . | » | 65 |
| 2° Les droits d'octroi, d'abatage et de la caisse de Poissy, par kilogramme 12 cent. 34. . . . . . . . . . . . . . . . . . . | 56 | 39 |
| 3° Les frais de manutention et frais généraux tels qu'ils sont indiqués au paragraphe *Compte général du commerce de la boucherie*, et qui donnent par kilogramme 10 cent. 10. . . . . . . . . . . . | 46 | 15 |
| Total que coûte un bœuf de 457 kil. à un boucher. . . | 519 | 06 |

(1) Le tableau suivant, en ce qui concerne le poids seulement, est publié, en 1851, par *l'Illustration*. Les prix des cuirs, suifs et abats sont ceux indiqués par le syndicat dans le tableau de rendement d'un bœuf qu'il a fait paraître en avril dernier, et cependant les mercuriales du commerce établissent ainsi qu'il suit le prix des suifs vieux : dans Paris, à 97 fr. les 100 kilogrammes, et en dehors à 95 fr. 50 cent.

**DÉTAIL DU PRODUIT EN VIANDE PAR MORCEAUX DE TOUTES QUALITÉS.**

**Nous n'y comprenons pas la plus-value obtenue sur les morceaux de choix, tels que les filets, etc.**

| QUANTITÉS. | Nos | RENDEMENT D'UN BŒUF. | POIDS par KILOGR. | TOTAUX par QUALITÉS. | PRIX de la vente à l'étal. | TOTAUX. |
|---|---|---|---|---|---|---|
| | | | | | Moyenne. | |
| | 1 | Tende de tranche, partie intérieure. . . . . . . | 20 | | | |
| | 2 | Pointe de culotte. . . . . | 30 | | | |
| 1re qualité. . . | 3 | Tranche grasse, partie extérieure. . . . . . . | 20 | 142 | 1 40 (1) | 198 80 |
| | 4 | Aloyau. . . . . . . . . . . | 50 | | | |
| | 5 | Filets, partie intérieure. | 7 | | | |
| | 6 | Gite à la noix. . . . . . | 15 | | | |
| Intermédiaire. | 7 | Côtes. . . . . . . . . . . . | 45 | 45 | 1 25 | 56 25 |
| | 8 | Paleron. . . . . . . . . . | 70 | | | |
| 2e qualité. . . | 9 | Talon de collier, partie intérieure. . . . . . . | 5 | 75 | 1 20 | 90 » |
| Intermédiaire. | 10 | Plate côte. . . . . . . . . | 25 | 25 | 1 15 | 28 75 |
| | 11 | Collier. . . . . . . . . . . | 35 | | | |
| | 12 | Pis de bœuf. . . . . . . . | 75 | | | |
| | 13 | Gite, jambe de derrière. | 15 | | | |
| 3e qualité. . . | | Gite, jambe de devant. . | 10 | 170 | » 90 | 153 » |
| | 14 | Tête ou joue. . . . . . . | 10 | | | |
| | 15 | Surlonge, partie infér. . | 10 | | | |
| | 16 | Rognon de graisse. . . . | 15 | | | |
| | | Totaux. . . . . | | 457 | | 526 80 |

| | |
|---|---|
| A ce produit des viandes dépecées, il faut ajouter : | |
| La valeur du cuir, 55 kil. à 56 fr. les 100 kilogrammes. . . . . . . | 30 80 |
| — des suifs, 40 kil. à 80 fr. les 100 kilogrammes. . . . . . . | 32 » |
| — des abats rouges, langue, pieds, cornes et sang. . . . . . . | 12 » |
| Total du produit brut. . . . . . . | 601 60 |
| A déduire ce que le bœuf a coûté d'achat, de droits et de frais. . . | 519 06 |
| Il résulte donc un bénéfice pour le boucher de. . . . . . . | 82 54 (2) |

(1) 1 fr. 40 c. est le prix d'abonnement pour la 1re qualité; on conçoit que les achats partiels se paient plus cher.

(2) Le boucher gagne encore sur le poids et sur la valeur, en complétant les pesées par la réjouissance, c'est-à-dire par des os, des morceaux de viande de 3e qualité et des épluchures.

Ainsi, un bœuf de 457 kil., coûtant au boucher 519 fr. 6 c., est revendu en détail, à l'étal, la somme de 601 fr. 60 c., déduction faite de tous les droits et des frais quelconques; il lui reste un bénéfice quitte et net de 82 fr. 54 c., sans y comprendre la plus-value de certains morceaux et le produit de la réjouissance. Le bénéfice net sur 80,995 bœufs vendus pour Paris serait donc de 6,685,327 fr. ou 16 p. 100.

Nous prenons la quantité moyenne des animaux achetés par an à Sceaux et à Poissy pour l'approvisionnement de Paris de 1840 à 1850 : les prix d'achats sont la moyenne de la valeur des 1re et 2e qualités que présentent les mercuriales; quant aux prix de la viande à l'étal, nous adoptons des chiffres inférieurs à la moyenne qui nous a été déclarée par un grand nombre de bouchers, ou que nous avons recueillie dans plusieurs documents; ils ne seront pas contestés, étant à l'avantage des bouchers :

| NOMBRE D'ANIMAUX. | ESPÈCES. | QUANTITÉS de KILOGR. | PRIX moyen par kilogr. | VALEUR des ACHATS. | TOTAUX. | |
|---|---|---|---|---|---|---|
| | | PRIX D'ACHAT SUR LES MARCHÉS. | | | | |
| 80,995 1/2 | Bœufs.... | 27.943,448 | 0 91 | 25,428,537 68 | 43,678,382 42 | |
| 15,186 | Vaches... | 3,644,640 | 0 82 | 2,988,604 80 | | |
| 70,727 | Veaux.... | 4,455,801 | 1 14 | 5,079,612 14 | | |
| 475,777 | Moutons. | 9,515,540 | 1 07 | 10,181,627 80 | | différence 16,996,927 58 |
| 642,685 1/2 | | | | | | |
| | | PRIX DE LA VENTE AU DÉTAIL. | | | | |
| 80,995 1/2 | Bœufs... | 27,943,448 | 1 30 | 36,326,482 40 | 60,5,67311 » | |
| 15,186 | Vaches... | 3,644,640 | 1 20 | 4,373,568 » | | |
| 70,727 | Veaux.... | 4,455,801 | 1 60 | 7,129,281 60 | | |
| 475,777 | Moutons. | 9,515,540 | 1 35 | 12,845,979 » | | |
| 642,685 1/2 | | 45,559,429 | | | | |

La différence entre le prix d'achat des bestiaux et celui de la revente des chairs à l'étal est donc, au profit des bouchers, de. . . . . . . . . . . . . . . . . . . 16,996,927 58

Il faut déduire de ce produit brut :

Premièrement, 12 cent. 34 pour droit d'octroi, d'abatage et de la caisse de Poissy, que la Ville prélève par kilogramme de viande introduite dans Paris ; or, comme il s'en vend chaque année en moyenne 45,559,429 kilogr., ce prélèvement s'élèvera à . . . . . . . . 5,622,033 »

Deuxièmement, les frais généraux d'exploitation, qui consistent en :

1° Loyer des établissements et patente de boucher, d'une valeur moyenne pour tous les quartiers de Paris et pour un boucher, ci. . . 1,854 »

2° Nourriture de trois garçons ou étaliers, à 1 fr. 72 1/2 c. par jour. 1,890 »

3° Salaire des garçons ou étaliers, outillage et matériel, fonte, cuisson (1) . . . . . . . . . 3,118 »

4° Déplacements, conduite des bestiaux, déchets, différence d'intérêt du fonds de roulement, transport des viandes, dépenses imprévues. . . . . . . . . . . . 2,140 »

Moyenne des frais généraux pour un boucher. . . . . . . . . . 9,002 »

Ce qui, pour 501 bouchers, donne un total de dépense de. . . . . . . . . . . . . 4,510,002 »

Total des droits et des frais généraux. . . 10,132,035 » 10,132,035 »

En déduisant du produit brut, 16,996,927 fr. 58 cent., les droits fiscaux et toutes les dépenses d'exploitation que nous venons d'évaluer, on trouve un bénéfice net de . . . . . 6,864,892 58

A ce bénéfice net sur la vente des viandes dépecées, il faut ajouter la valeur des peaux, des suifs, des cornes, du sang, des abats rouges, etc., dont nous donnons le détail pour tout préciser :

A reporter. . . . . 6,864,892 58

(1) En supposant qu'il n'achète pas à la cheville, dans ce cas il n'a pas à s'occuper de la fonte des suifs.

Report. . . . . 6,864,892 58

D'après un tableau produit par le syndicat, la peau, le suif et les abats rouges d'un bœuf de 378 kilogrammes sont évalués à 67 fr. 50 cent. Nous prenons une moyenne plus basse, pour attester que nous n'exagérons pas et ne cherchons que la vérité. Ainsi, d'après nous, les peaux, les suifs, les cornes, le sang, etc.,

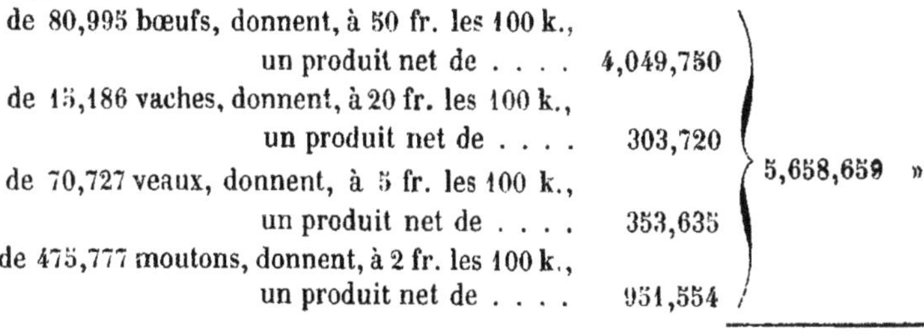

| | | |
|---|---|---|
| de 80,995 bœufs, donnent, à 50 fr. les 100 k., un produit net de . . . . | 4,049,750 | 5,658,659 » |
| de 15,186 vaches, donnent, à 20 fr. les 100 k., un produit net de . . . . | 303,720 | |
| de 70,727 veaux, donnent, à 5 fr. les 100 k., un produit net de . . . . | 353,635 | |
| de 475,777 moutons, donnent, à 2 fr. les 100 k., un produit net de . . . . | 951,554 | |

Total des bénéfices nets de la boucherie de Paris. . . 12,523,551 58

La moyenne du bénéfice net de chacun des 501 bouchers de Paris serait donc de 25,001 fr. 02 c. par an, s'il pouvait y avoir parité entre tous.

Le public se plaindrait peut-être moins de la cherté des viandes, si elle avait pour résultat d'enrichir 501 familles de bouchers qui répandraient à leur tour l'aisance parmi les autres industries; mais il n'en est pas ainsi : 350 bouchers ou marchands de viandes laissent entre les mains de 50 chevillards la plus grande part des profits.

Quant aux 100 bouchers qui remplissent les conditions de l'état, quelque élevés que puissent être leurs bénéfices, ils n'ont que la récompense de leurs travaux et de leur intelligence; ceux-là ne monopolisent pas; ils profitent, il est vrai, sur les marchés à bestiaux, de la baisse continuelle qu'y maintiennent les chevillards et du haut prix des viandes dans les abattoirs, mais on ne peut leur attribuer l'enchérissement dont on se plaint.

### DIFFÉRENCE DES PRIX D'ACHAT SUR LES MARCHÉS A BESTIAUX ET DES PRIX DE VENTE AU MARCHÉ A LA CRIÉE.

Nous croyons pouvoir appuyer les calculs précédents de l'une de ces preuves qui fourmillent dans les publications des documents administratifs, c'est la comparaison des prix des viandes sur pied et celui qui résulte de la vente en gros à la criée.

D'après les mercuriales de 1849, le prix moyen des viandes sur pied aux marchés de Sceaux et de Poissy est de :

| | Bœufs. | Vaches. | Veaux. | Moutons. |
|---|---|---|---|---|
| | 0 fr. 91 c. | 0 fr. 82 c. | 1 fr. 14 c. | 1 fr. 07 c. |
| A la vente à la criée, le prix moyen depuis la création est de . . . . | 0 fr. 96 c. | 0 fr. 86 c. | 0 fr. 99 c. 66/1000 | 0 fr. 97 c. |
| Différence en plus à la vente à la criée. . . . | 0 fr. 05 c. | 0 fr. 04 c. | » » | » » |
| Différence en moins à la vente à la criée. . . . | » » | » » | 0 fr. 14 c. 34/1000 | 0 fr. 10 c. |

En un mot, la moyenne des prix de vente sur pied dans les marchés à bestiaux, pour toute espèce d'animaux, est de 98 c. 50, et celle des ventes faites à la criée est de 94 c. 66. Or, on achète la viande dépecée, à la vente à la criée, 3 c. 84 moins chère qu'elle n'est cotée à Sceaux et à Poissy; cependant la viande portée à la criée est soumise aux mêmes droits d'entrée, d'abatage et de la Caisse de Poissy que celle provenant des abattoirs, c'est-à-dire 12 c. 34 par kilog. Elle paie encore au marché à la criée 1 c. pour commission de vente au facteur et 1 c. pour droit d'abri; enfin, elle est soumise à des frais de pesage, de déchargement et de resserre, etc., ce qui la grève de près de 3 c. par kilog. de plus que la partie de l'approvisionnement qui s'achète aux marchés spéciaux. Notons encore que l'expéditeur a fait abattre et préparer la viande à son domicile, et qu'il a eu à payer les frais de transport jusqu'au marché des Prouvaires.

D'où vient donc que les marchands forains et les producteurs ont préféré, malgré ces frais énormes, la vente directe à la criée à la vente de leurs animaux sur pied? C'est que ces viandes abattues chez l'éleveur sont facilement expédiées sur Paris, qu'il y a économie des frais qui résultent des déplacements pour la conduite des animaux sur pied du domicile au marché, souvent même d'un marché à l'autre, ce qui entraîne à une perte de huit jours, pendant lesquels il faut pourvoir à la nourriture des bestiaux et à celle des conducteurs; des dépenses avec les bouchers et les commissionnaires, de la déperdition du poids des animaux et des cas de mort auxquels ils sont exposés. Le producteur n'envoie à la vente à la criée que les qualités qu'il sait devoir être favorablement vendues; il trouve avec facilité et à meilleur prix, en dehors de Paris, le placement des troisièmes qualités, des abats, et souvent des suifs et des peaux ; enfin, il évite l'intervention des bouchers de Paris.

Il est vrai de dire que, jusqu'ici, ces avantages ne sont pas assurés; mais, si la vente aux enchères publiques est définitivement adoptée, il se créera, dans les pays producteurs, des industries qui la favoriseront. Nous entrerons dans plus de détails à ce sujet lorsque nous parlerons de ce nouveau système de vente.

### COMPARAISON DES PRIX DES VIANDES DANS LES ÉTAUX ET A LA VENTE A LA CRIÉE.

La moyenne du prix des viandes chez les bouchers est, depuis 1845 à 1850, par kilogramme :

| Pour les. . . . . . . | Bœufs. | Vaches. | Veaux. | Moutons. | Moyenne de toutes les espèces et qualités. |
|---|---|---|---|---|---|
| de . . . . . . . . . . . . | 1 fr. 30 c. | 1 fr. 20 c. | 1 fr. 60 c. | 1 fr. 35 c. | 1 fr. 3625 |
| La moyenne des prix des viandes vendues à la criée, depuis son institution, est de. . . . | 0 fr. 96 c. | 0 fr. 86 c. | 0 fr. 9966 | 0 fr. 97 c. | 0 fr. 9466 |
| Le prix de la viande a été en moins à la criée de . . . . . . . . | 0 fr. 39 c. | 0 fr. 34 c. | 0 fr. 7534 | 0 fr. 43 c. | 0 fr. 4159 |

Ainsi, la viande dans les étaux coûte 41 cent. 59 mill. plus cher que celle apportée directement à la vente à la criée par les producteurs ou les industriels forains, ce qui fait une différence de produit, sur les 45,559,429 kilogrammes de viandes vendues dans l'année à Paris, de . . . . . . . . . . . 18,958,165 »

Si nous en déduisons les droits fiscaux et les frais généraux que nous avons déjà établis, et qui se portent en totalité à. . 10,132,035 »

nous trouvons au profit de la vente à l'étal un bénéfice net de 8,826,130 »
auquel il faut ajouter le produit des peaux, des suifs, des cornes, abats rouges, etc. . . . . . . . . . . . . . 5,658,659 »

ce qui donne un produit réel, déduction faite de toutes charges et frais, de. . . . . . . . . . . . . . . . 14,484,780 »

Le bénéfice de chacun des 501 bouchers de Paris serait donc, en moyenne, de. . . . . . . . . . . . . . . . 28,951 fr. 67 c.

La somme de 8,826,130 fr. représente la perte que font les producteurs en se servant des intermédiaires.

Ces divers calculs n'ont rien d'exagéré, ils sont le résultat des statistiques connues, publiées dans toutes les mercuriales ou d'une notoriété incontestable.

Ils indiquent la conséquence désastreuse de l'organisation actuelle de la boucherie et l'absence de toute concurrence sur les marchés à bestiaux et dans les étaux; ils sont la preuve irrécusable des bénéfices scandaleux d'une certaine catégorie de bouchers spéculateurs, et démontrent d'une manière évidente qu'il est urgent de réprimer cet exorbitant monopole qui pèse sur la consommation parisienne, comme sur la production générale.

### DE LA PRÉTENTION QU'ONT LES BOUCHERS D'ASSURER PAR LEUR ORGANISATION L'APPROVISIONNEMENT DE PARIS.

La corporation des bouchers prétend que les priviléges dont elle a toujours joui et qu'on veut abolir, ce monopole dont elle conteste cependant l'existence et les abus qu'on veut modifier, sont « les bases solides d'une institution qui assure et garantit en toutes circonstances l'approvisionnement; si vous y touchez, dit le syndicat, prenez garde, la capitale peut un jour manquer de viande, vous n'aurez plus sous la main notre puissante corporation, qui d'un signe amène l'abondance. Ne vous fiez pas aux producteurs et aux expéditeurs; dès le jour où ils apprendront que la voix de l'émeute gronde dans Paris, ils suspendront leurs envois, nous ne serons plus là pour leur inspirer la confiance dont ils auront besoin. »

Étrange prétention! Quoi! les conducteurs de ces innombrables bandes d'animaux de boucherie qui, de tous les points du territoire, sont en marche sur Paris, s'arrêteront tout à coup à la nouvelle de nos troubles civils? la frayeur s'emparera d'eux; ils ne reprendront confiance que lorsque MM. les bouchers iront les chercher ou leur écriront qu'ils peuvent avancer!

Mais ne sait-on pas qu'à Paris une révolution ne dure que peu de jours, et que, quel que soit le parti qui triomphe, le premier soin de l'administration est de pourvoir à la subsistance de la population; que les abattoirs et les étaux sont constamment garnis de viandes pour quatre jours; que les marchés de Sceaux, de Poissy et les environs de Paris peuvent en quelques heures fournir un approvisionnement de dix jours, et donner le temps de terminer la lutte, et à de nouvelles bandes de bestiaux celui de se rapprocher de la capitale? Cette situation est rassurante. Mais quand donc la corporation des bouchers, de sa propre influence et de son autorité privée, a-t-elle préservé Paris de la famine? est-ce en 1830, en février 1848, ou pendant les funestes journées de juin? Ce que le public ignore, et ce que nous savons pertinemment, ce ne fut pas par les soins de la corporation que, dans cette dernière circonstance, la plus effrayante sans doute, Paris fut approvisionné. Le lundi 26 juin, pendant que le combat durait encore, combien de bouchers furent à Sceaux? On assure qu'ils étaient neuf; si bien que, voulant profiter du peu de concurrence et de l'abondance des bestiaux, ils offrirent des prix si vils, que les marchands indignés abandonnèrent le marché et vinrent vendre les bœufs, veaux et moutons aux portes de Paris et à la halle aux veaux. Que firent d'autres producteurs qui n'attendirent pas l'appel du syndicat? Pour éviter les routes et certaines entrées de Paris qui ne leur offraient pas assez de sécurité, ils expédièrent leurs bestiaux en bateau par la Seine.

Ces faits prouvent que, si le pourvoyeur officiel ne va pas chercher les provisions, celles-ci savent bien venir s'offrir aux consommateurs.

Dans les cas exceptionnels comme celui que nous venons de citer, l'administration appelle nécessairement le concours des bouchers, mais c'est surtout afin qu'ils ne désertent pas le marché, les abattoirs ou leurs étaux, et non pour faire venir l'approvisionnement du dehors; l'action seule de l'autorité suffirait à ce besoin, si les marchands de bestiaux, toujours stimulés par le désir de vendre et de bien vendre, surtout lorsqu'un événement rend probable la rareté de la marchandise, ne venaient souvent plus nombreux dans ces circonstances.

Nous ne sommes plus à ces époques reculées où la commune de Paris était forcée de confier à la corporation des bouchers le soin de l'approvisionnement. Il a été établi des marchés à bestiaux, c'est là que les bouchers vont les chercher et rien que là; l'on pourrait les défier de faire arriver à Paris cent bœufs en huit jours d'une distance de trente lieues.

Or, cette prétention que le corps des bouchers assure l'approvisionnement est un peu forcée; c'est une erreur qui préoccupe cependant certains esprits : elle n'a aucune raison d'être, elle n'est motivée par aucun précédent; elle serait d'ailleurs aujourd'hui, et plus encore dans l'avenir, la plus mauvaise de toutes les garanties.

Maintenant que des lignes de chemins de fer s'étendent sur toute la surface de la France, que Paris devient l'entrepôt général des objets de consommation, comme il l'est de tous les autres produits, que les télégraphes électriques peuvent en une seconde appeler l'approvisionnement, s'il venait à manquer un instant, l'administration n'a aucun besoin de l'intervention directe du syndicat de la boucherie pour, en cas d'émeute ou de révolution, demander et assurer l'apport des viandes; d'ailleurs cet arrivage serait-il plus respecté sur les routes s'il était fait au nom de MM. les bouchers?

### MODIFICATIONS APPORTÉES AUX ORDONNANCES DE 1829 ET DE 1830 PAR L'ADMINISTRATION, EN 1848, 1849 ET 1850.

Aussitôt après la révolution de février 1848, l'administration voulut donner satisfaction aux classes peu aisées ou indigentes, en favorisant le bas prix des substances alimentaires. Son premier soin fut d'augmenter la concurrence que les bouchers forains étaient autorisés à faire dans les marchés à la boucherie urbaine. Cette atteinte portée aux ordonnances de 1829 et de 1830 n'était que le prélude de réformes plus importantes qui, dans un temps très-rapproché, doivent faire disparaître le monopole et émanciper complétement le commerce de la boucherie.

Les ordonnances de 1829 et de 1830 admettaient 41 bouchers forains, concurremment avec les bouchers de Paris, à vendre au détail de la viande à la halle des Prouvaires, aux marchés Saint-Germain, des Carmes et des Blancs-Manteaux, le mercredi et le samedi de chaque semaine *seulement*.

Il est facile de comprendre que cette concurrence n'avait aucune importance, qu'elle était complétement illusoire.

En 1848, le préfet de police, au lieu de laisser 120 étaux publics à la boucherie de Paris et 41 à celle de la banlieue, établit un ordre contraire, c'est-à-dire que les forains prirent possession des 120 étaux, et que 41 furent conservés aux bouchers urbains; l'occupation fut fixée à deux mois pour ceux-ci et à six mois pour les premiers.

Enfin il ordonna que le marché aurait lieu tous les jours de la semaine.

On pensait sans doute que ces modifications rendraient la concurrence plus sérieuse, il n'en fut rien. Comment, en effet, 120 marchands forains pouvaient-ils lutter avec avantage contre 542 bouchers établis, soit dans les divers quartiers, soit dans les marchés publics, tous gens disciplinés, obéissant aux instructions du syndicat? comment leur était-il possible de résister aux efforts des monopoleurs? Ils étaient trop peu nombreux, trop agglomérés au marché des Prouvaires. D'ailleurs on les soumettait à des conditions fort onéreuses, qui le sont encore aujourd'hui. Il leur était rigoureusement imposé d'occuper eux-mêmes leurs étaux sur les marchés ; ils n'y étaient admis que s'ils avaient une boucherie à leur domicile à la banlieue, ce qui les obligeait à avoir un double personnel, un double matériel, un fonds de roulement plus considérable, à payer deux loyers, enfin à négliger l'un ou l'autre de leurs établissements et à se rembourser de ces sacrifices par une surélévation de prix des viandes qu'ils vendaient à Paris ; aussi la plupart n'approvisionnaient le marché public que de mauvaises viandes, en maintenant cependant leur valeur afin de faire leurs frais ; ils n'attendaient qu'une occasion favorable pour trafiquer de leurs étaux avec les bouchers de Paris, qui, de cette sorte, évinçaient peu à peu les bouchers forains et restaient maîtres sur tous les marchés.

Évidemment les modifications administratives de 1848 étaient insuffisantes, elles ne pouvaient combattre avec succès le monopole. La situation était tendue, les exigences de la population légitimes ; le producteur et le commerce agricole réclamaient hautement contre les ordonnances qui protégeaient le monopole : il fallait au gouvernement et à l'Assemblée nationale un délai fort long pour reviser ces ordonnances. On imagina un système nouveau de concurrence, et vers la fin de 1849 on institua la vente en gros à la criée des viandes abattues à l'extérieur de Paris : tous bouchers forains, commissionnaires, éleveurs ou fermiers pouvaient y porter leurs produits et vendre directement au consommateur.

Comme toute innovation, celle-ci fut en butte aux attaques de la corporation et des partisans du monopole. Il est difficile, pour quelqu'un qui n'a pas eu à lutter contre les menées de toute nature qui furent suscitées, d'en apprécier la moralité. Cependant quelques marchands forains osèrent essayer ce nouveau mode de vente, il leur réussit assez bien. Des propriétaires et des éleveurs comprirent enfin que l'administration venait de résoudre un problème difficile à appliquer au commerce de la viande, c'est-à-dire de faciliter les transactions directes entre le producteur et le consommateur, et de leur offrir l'avantage réciproque de se passer des intermédiaires inutiles.

Bientôt le marché à la criée fut convenablement approvisionné ; ... voyait s'augmenter la quantité des viandes provenant des ...oisins, par les diligences, les chemins de fer ou ... kilog. qui y furent vendus le premier mois, le ...ressivement, sans jamais fléchir, jusqu'à

250,000 kil., ou le 15e de la consommation de Paris. On y trouvait de la viande de bonne qualité à un prix inférieur à celui qu'elle avait coûté à la vente sur pied dans les marchés à bestiaux.

Cet essai de la vente par adjudication a eu d'immenses résultats : il a fait apprécier tout l'odieux du monopole; l'influence qu'il exerçait sur la cherté des viandes, les bénéfices considérables de la boucherie parisienne, les pertes qui en résultaient pour l'agriculture.

Cette vente publique à la criée, telle qu'elle est organisée, n'est qu'un nouveau jalon pour arriver à une réforme plus complète; elle a été d'abord timidement protégée, parce que la question de la boucherie était soumise à l'étude de diverses commissions, et que l'administration spéciale des marchés, c'est-à-dire la préfecture de police, craint d'en rendre la solution plus difficile, si elle l'engage trop avant.

Mais pendant ces éternelles discussions à l'Assemblée nationale, au conseil municipal, au ministère et dans les administrations des préfectures de la Seine et de la police, l'institution s'affaiblit, parce qu'elle n'a pu encore produire des résultats assez satisfaisants pour tous les intérêts; ses ennemis contestent son utilité, elle résiste à peine aux efforts du monopole, au mauvais vouloir ou à la suspicion dont elle est l'objet.

Déjà les éleveurs qui, les premiers, soit par intérêt, soit par sentiment patriotique que nous avons pu apprécier, ont cherché à alimenter le marché, sont fatigués d'une lutte dont quelques intermédiaires ont seuls profité; car, il faut le dire, ils n'ont obtenu, à la vente à la criée, que le prix qu'ils auraient retiré de leurs bestiaux s'ils les avaient envoyés aux marchés de Sceaux et de Poissy; leur profit a été la différence de valeur qui existe dans les campagnes sur les peaux, les suifs et certaines parties des animaux. Or, ce bénéfice ne compense pas les soins et les difficultés qu'ils rencontrent; ils n'ont donc trouvé à la criée aucun avantage, si ce n'est, comme je l'ai dit, le désir de favoriser les vues de l'administration et l'espérance qu'elle fera droit à leurs justes réclamations.

Nous avons déjà énuméré les frais auxquels sont soumises les viandes portées à la criée, ils s'élèvent à environ 0,03 c. par kil. en sus de ce que paient les bouchers de Paris qui achètent aux marchés. Nous ajouterons que, lorsque la fin de la vente est sonnée, les marchandises invendues sont mises en resserre pour le marché du lendemain; par conséquent, pendant les grandes chaleurs [illegible] variables, elles sont exposées à perdre une partie d[illegible]

Dans des conditions semblables, la vente à la criée ne peut subsister longtemps, l'abandon de nos meilleurs approvisionneurs le prouve assez. En effet, il n'y vient plus que quelques spéculateurs, et il importe surtout d'y attirer les producteurs.

### DE LA CAISSE DE POISSY.

L'origine de la caisse de Poissy remonte à 1733. Nous ne rappellerons pas les différentes phases qu'elle a éprouvées; la similitude de situation nous force de constater qu'elle fut suprimée en 1776, mais que l'on s'empressa de la rétablir en 1799. Les motifs en sont consignés dans les lettres patentes de reconstitution, il y est dit que la suppression de la caisse « avait obligé nombre de bouchers à recourir à des emprunts extrêmement usuraires, que les marchands forains avaient été privés de l'avantage de vendre leurs bestiaux argent comptant, et, découragés par les crédits auxquels ils étaient obligés de souscrire, ainsi que par les frais de poursuite et par les pertes fréquentes auxquelles ils étaient exposés, avaient diminué leur commerce avec la capitale, ce qui avait contribué à y élever le prix des viandes. »

Les autres considérants de ces lettres patentes attestent toute l'importance économique de la caisse de Poissy: il y est formellement déclaré que cet établissement financier a été créé moins dans l'intérêt du fisc que dans le but de faciliter l'approvisionnement de la capitale et le bon marché; examinons-en les principales conditions, elles subsistent encore aujourd'hui.

Tout marchand de bestiaux qui arrive aux marchés de Sceaux ou de Poissy doit se présenter au bureau de la caisse pour y faire enregistrer son nom, son domicile, le nombre et l'espèce des animaux qu'il conduit. Cette déclaration est remise aux inspecteurs du marché, pour prendre les précautions ordinaires contre toutes soustractions et contre les abus qu'on pourrait se permettre pour secouer le joug utile de la discipline établie pour l'arrivage, l'examen de la sanité des animaux, la vente et la conduite à Paris; enfin, ces inspecteurs, ayant sous les yeux le véritable taux auquel chaque espèce d'animaux a été vendue, établissent la mercuriale générale, qui, quoique imparfaitement faite, il faut l'avouer, fait cependant connaître aux producteurs et aux acheteurs les différences survenues dans les cours d'un marché à l'autre; ils varient selon les saisons, la plus ou moins grande quantité d'animaux amenés et les besoins de la consommation.

Avant de conclure un marché avec les bouchers de Paris, les marchands forains s'enquièrent toujours du crédit qu'ils ont à la caisse de Poissy, et c'est avec ceux-ci qu'ils préfèrent traiter plus généralement. La vente opérée, le producteur se présente à la caisse et en reçoit immédiatement le prix convenu, déjà enregistré sur le marché par un agent de l'administration.

Nous devons faire connaître comment s'établit le crédit ouvert aux bouchers de Paris, ce renseignement fera comprendre qu'il n'est pas d'établissement commercial particulier qui puisse entourer ses opérations de plus de garanties.

Chaque boucher est soumis à un cautionnement de 3,000 fr., le capital de la corporation versé à la caisse de Poissy s'élève donc dans ce moment à 1,503,000 fr.; mais on sait que 100 à 120 bouchers usent seuls du crédit que leur assure leur cautionnement, les autres sont ou bouchers chevillards ou acheteurs à la cheville dans les abattoirs; ils n'utilisent pas le crédit qui leur serait ouvert, les premiers parce qu'ils veulent éviter une commission qui grève la viande de 0 fr. 3 c. par kilo, et qu'ils trouvent chez les banquiers de meilleures conditions, les seconds parce que les marchands chevillards leur font un crédit d'argent et de temps plus avantageux que celui qu'ils trouveraient à la caisse; ainsi les 100 bouchers qui achètent eux-mêmes sur les marchés profitent seuls du dépôt de leurs 3000 fr.; il leur est encore fait un crédit auquel fait face le million versé et non utilisé par leurs collègues.

Voici quelles sont les précautions prises par l'administration pour fixer à l'avance le montant du crédit facultatif que la caisse peut faire aux bouchers.

Chaque mois, M. le directeur de la caisse de Poissy adresse à M. le préfet de police l'état des bouchers qui sollicitent une augmentation de crédit. L'inspecteur général des halles et marchés est chargé de faire une enquête mensuelle sur la situation des demandeurs. Leurs achats sur les marchés à bestiaux, leurs opérations dans leurs étaux, le nombre de leur clientèle, démontrent suffisamment l'importance de leur commerce et la valeur que peut atteindre un supplément de crédit; mais là ne se bornent pas les investigations des préposés des marchés : la conduite et la moralité des individus sont parfaitement connues; ces conditions essentielles déterminent également le degré de confiance que la caisse peut avoir en eux. Le syndicat de la boucherie, composé des principaux bouchers de Paris, est également consulté; la caisse elle-même prend de son côté d'utiles renseignements; aussi de ces investigations multipliées, faites de part et d'autre avec régularité et la plus intègre rigueur, il résulte la connaissance parfaite de la situation de tous les bouchers, et la caisse de Poissy n'est exposée à aucune perte, quel que soit le montant des avances autorisées par M. le préfet de police; elles varient, selon l'importance de l'étal du boucher, de 1000 à 12,000 fr. par mois.

C'est par ce système de précautions entièrement administratives, qu'il serait impossible à toute entreprise indépendante de mettre sérieusement en pratique sans s'exposer à des frais énormes et à des erreurs graves, que l'autorité a jusqu'à ce jour offert aux producteurs les garanties les plus positives et assuré l'approvisionnement de Paris.

En effet, il faut le remarquer, toute discussion de prix et de paiement est impossible entre le vendeur et l'acquéreur, leurs transactions étant instantanément conclues par le paiement opéré pour le compte du boucher par la caisse de Poissy; la certitude qu'ont les approvisionneurs de vendre argent comptant les encourage à conduire leurs bestiaux à Sceaux et Poissy; ils évitent des pertes de temps et d'argent qu'ils subiraient s'ils vendaient à crédit à des bouchers dont il leur est impossible de connaître la situation financière et la moralité; l'intervention de la caisse de Poissy les engage donc à augmenter leur commerce avec Paris et à vendre à meilleur marché.

Cette institution est également favorable aux bouchers qui sont dans l'obligation de faire à leur clientèle un crédit souvent de un et deux mois. Le concours de la caisse leur permet de faire ces avances aux consommateurs, ils ne sont point exposés aux dangers de transporter leur argent, d'avoir recours à des emprunts usuraires ou de payer plus cher les animaux qui leur seraient vendus à crédit; ils évitent enfin les difficultés que produit la défiance si naturelle aux vendeurs et les procès si fréquents qui naissent des transactions à terme.

Ces particularités peuvent paraître oiseuses à certaines personnes, mais, à notre point de vue, elles ont une importance d'actualité qu'il ne faut pas méconnaître. Le crédit a une influence énorme sur les marchés publics, l'acheteur en gros compte sur celui qu'il inspire pour agrandir et assurer le succès de son entreprise, et l'on ne peut contester qu'il y a une grande différence entre la confiance qu'inspire l'industriel établi à Paris, qui tous les jours fait le commerce avec les mêmes producteurs dans les halles de Paris, et celle plus incertaine et impossible de l'expéditeur de bestiaux envers les bouchers. Ceux-ci ne peuvent faire apprécier leur solvabilité par des milliers de marchands forains que leurs affaires ne conduisent pas à Paris, et qui voient le boucher très-rarement, et toujours sur le marché. C'est cette situation qui a inspiré l'établissement d'un intermédiaire qui n'est autre que la caisse de Poissy, et pour la garantie de laquelle l'administration intervient en lui donnant les renseignements les plus exacts sur la situation de ceux qui ont recours à elle.

Quelques vagues rumeurs annonçaient que l'existence de la caisse de Poissy serait mise en question; lorsque en avril dernier le congrès central d'agriculture manifesta son opinion d'une manière catégorique, il émit le vœu que la caisse fût supprimée par ces motifs : 1° qu'elle ne répond pas aux besoins du marché parisien, puisqu'elle n'intervient que pour 8,000,000 de francs sur 80,000,000 d'achats opérés à Sceaux et Poissy; 2° qu'elle est obligatoire, ce qui est contraire à la liberté; 3° qu'elle est onéreuse, car elle retient un dépôt de 3,000 fr. à chaque boucher, capital qu'il ne peut utiliser; 4° qu'elle perçoit un droit exorbitant sur les 9/10 de l'approvisionnement, et ne rend service qu'à 1/10; 5° qu'elle emploie comme fonds social le cautionnement de 350 bouchers qui n'achètent jamais sur les marchés et ne demandent aucun crédit à la caisse.

Il faut le reconnaître, ces allégations sont fondées; elles ont soulevé contre la caisse tous les efforts de ceux qui veulent la liberté illimitée du commerce de la boucherie, et ceux qui, moins radicaux, demandent la liberté réglementée sont bien forcés d'admettre que l'obligation faite aux bouchers de se servir de la caisse, de lui fournir un capital de roulement dont ils ne veulent pas user, est un contre-sens. Or, cette institution est complétement discréditée, sa suppression est proposée. Nous n'avons pas la prétention de soutenir les conditions fiscales de son organisation, mais nous voulons défendre le principe qui a présidé à sa création, et dont nous avons développé les motifs économiques.

Disons-le, aucune administration financière, indépendante de la surveillance de l'autorité, ne remplacera celle qui va disparaître; nulle ne rendra d'aussi grands services et n'inspirera autant de confiance aux producteurs, par conséquent ne facilitera le bon approvisionnement de Paris.

Tout en repoussant la caisse de Poissy, on reconnaît que sa raison sociale est seule attaquée; tout le monde est d'accord sur la nécessité d'établir pour les marchés à bestiaux une caisse de crédit; seulement les uns la veulent libre, les autres administrative. Si elle est libre, quels en seront les agents? Pourront-ils, quels qu'ils soient, offrir aux producteurs lointains qui ignorent même les noms les plus recommandables de l'édilité financière de Paris, la certitude des garanties de solvabilité, de moralité, d'exactitude et de fidélité? Non sans doute; le plus grand nombre des approvisionneurs n'auront jamais la confiance illimitée dont ils ont besoin pour faire le commerce avec la capitale. Nul doute que si cette caisse est abandonnée à l'industrie privée, elle deviendra l'objet de la spéculation, de l'agiotage, et bientôt le monopole que l'on veut détruire aura seulement changé de mains; il en résultera une défiance générale parmi les producteurs; leur situation, au lieu de s'améliorer, sera devenue plus intolérable; la diminution de l'approvisionnement et l'élévation de prix en seront la conséquence.

Il n'est donc, à notre avis, qu'un système à suivre pour repousser tous les intermédiaires spéculateurs des marchés à bestiaux, c'est d'établir une caisse de crédit dont les principes constitutifs seraient semblables à ceux de la caisse de Poissy; il s'agirait, en un mot, de maintenir celle-ci, toutefois en lui faisant subir des modifications essentielles, et de créer un certain nombre de facteurs préposés à la vente, soit à la criée, si elle est possible, soit à l'amiable.

Le cautionnement étant supprimé, ceux des bouchers parisiens ou autres qui voudraient être crédités par la caisse, lui verseraient un nantissement qui sera arbitrairement consenti, et aurait pour base l'importance du commerce de chacun d'eux. La caisse municipale, qui a d'énormes capitaux inactifs, pourrait fournir celui nécessaire pour faire face aux crédits supplémentaires, s'il en était demandé; il produirait intérêt.

Cette caisse administrativement gérée comme elle l'est aujourd'hui, placée à côté des factoreries, présentant aux producteurs et aux acheteurs des conditions de paiement et de crédit équitables et toujours les mêmes, servirait de régulateur aux conditions qu'imposeraient les facteurs à leurs clients. Cette espèce de concurrence ouvrirait au commerce un crédit plus étendu, plus facile et moins onéreux; ces deux institutions presque rivales, quoique toutes deux soumises à la direction de l'autorité, se suppléeraient mutuellement dans l'intérêt public.

Nous trouvons un grand inconvénient à remplacer la caisse de Poissy par l'adoption de plusieurs factoreries; il est indubitable que dix factoreries seront autant de petites administrations, ayant chacune un nombreux personnel, etc. Or, n'est-il pas certain que les frais actuels de la caisse de Poissy, qui grèvent déjà si énormément la viande, seraient quintuplés par l'établissement de dix facteurs, auxquels on imposerait l'obligation de former autant de caisses de crédit?

Si nous proposons de conserver une institution semblable à celle de Poissy, c'est que nous sommes convaincu qu'elle seule obtiendra l'entière confiance des approvisionneurs et remplira le véritable but qu'on veut atteindre. Il est à craindre que les facteurs, en rivalité entre eux, désireux de faire d'importantes opérations, afin d'assurer l'intérêt du capital engagé, le remboursement de leurs frais d'exploitation, et enfin des bénéfices proportionnés aux chances qu'ils doivent courir, ne s'écartent des règles de la prudence et n'exposent leurs capitaux par des crédits exagérés ou mal placés. Quel que soit le montant de leur cautionnement, il sera insuffisant pour donner au commerce la garantie qu'il exige. En effet, il ne peut atteindre le chiffre des opérations que pourra faire un facteur en un seul marché; or, comme l'expéditeur ne reçoit le montant des ventes opérées pour son compte que trois, cinq et huit jours après, le facteur malheureux ou malintentionné peut compromettre la fortune de ses consignataires. Ceux-ci, que l'on n'en doute pas, ne prêteront aux facteurs qu'une faible confiance, et si une caisse spéciale ne leur rendait le service qu'ils reçoivent aujourd'hui de la caisse de Poissy, le crédit, si indispensable pour le commerce, disparaîtrait des marchés à bestiaux, ce qui produirait nécessairement une surélévation de valeur.

Le maintien de la caisse de Poissy, dégagée de ses conditions onéreuses, est donc, à notre avis, la seule institution qui sera acceptée par les expéditeurs. On ne peut assimiler les factoreries des marchés à bestiaux, où les transactions s'élèvent par année à 80,000,000 francs, à celles des autres marchés de Paris, où il ne s'opère que 2 à 5 ou 8,000,000 fr. d'affaires, et où le crédit est nul et n'est pas nécessaire comme dans le commerce de la boucherie. L'organisation des factoreries pour la vente des bestiaux au comptant, sans délai ni crédit, serait une excellente innovation; car elle repousserait les commissionnaires, qui faussent les cours en accaparant les animaux chez les producteurs, sur les routes et jusque sur les marchés. Chaque jour, les facteurs auraient à rendre un compte sévère de leurs opérations et de la situation de leurs comptes avec les expéditeurs.

### OPINIONS MANIFESTÉES PAR LA COMMISSION SPÉCIALE DU CONGRÈS CENTRAL D'AGRICULTURE SUR LA QUESTION DE LA BOUCHERIE.

Délégué au congrès central, nous avons fait partie de la commission chargée par lui d'étudier les moyens d'augmenter la production et la consommation des viandes. La part que nous avons prise à cette importante discussion nous autorise à donner notre avis sur les vœux manifestés par les représentants de l'agriculture : ils doivent avoir une grande influence sur les délibérations qui s'agitent dans ce moment dans les commissions d'enquête de l'Assemblée nationale et du conseil municipal de Paris, sur l'étude que font de cette question MM. les préfets de la Seine et de police, enfin sur l'esprit public.

Nous pensons d'abord que la commission et le congrès ont trop restreint les vœux qu'ils avaient à émettre. Ce qu'il importait surtout à des hommes pratiques était moins de poser des principes ou des bases générales, que de développer l'ensemble d'une organisation nouvelle et des moyens cherchés. Nos administrations fourmillent d'hommes intelligents, mais il en est peu qui connaissent les conditions *pratiques*, qu'ils n'étudient qu'imparfaitement; s'ils ont parfois un vague pressentiment qu'il est des améliorations à apporter dans leurs services, ils les jugent plutôt au point de vue administratif que sous les rapports des besoins publics; ils apprécient instinctivement le but qu'il faut atteindre, mais, le plus souvent, là s'arrêtent leurs conceptions, parce qu'ils ignorent le principe du mal, les difficultés de détail, les nécessités commerciales, les modifications réglementaires qu'il serait utile d'admettre, tandis qu'au contraire les hommes qui, comme la plupart des membres du congrès, élèvent, produisent, vendent, trafiquent sur nos marchés et sont soumis à des réglementations, ces hommes, disons-nous, comparent chaque jour les exigences et les entraves administratives avec ce qui leur semble plus conforme à leurs intérêts, aux facilités qu'ils désirent trouver dans leur commerce et aux nécessités publiques.

D'après nous, le congrès devait donc éclairer l'administration en indiquant les mesures rationnelles, les dispositions réglementaires qu'il croyait nécessaire d'adopter pour stimuler la production, augmenter l'abondance, réduire le prix, protéger la concurrence et supprimer le monopole. Qu'a-t-il fait? Il a proposé *la liberté sans limites,* c'est-à-dire la destruction des garanties essentielles, laissant à l'administration le soin et la responsabilité d'une nouvelle reconstitution. Le congrès, je lui en demande pardon, n'a donc pas rempli complétement son mandat; ses vœux ne portent avec eux aucun enseignement, ils ne sont que la reproduction d'une pensée générale.

Les propositions de la commission spéciale étaient dictées par un autre esprit : elles ont été repoussées par le congrès. Nous ne croyons pas déplaire à nos collègues en expliquant pourquoi : c'est que le congrès n'a pas eu le temps d'étudier à fond la question comme sa commission.

La commission a proposé au congrès d'émettre le vœu que la liberté du commerce de la boucherie fût *réglementée*, c'est-à-dire que l'on imposât des conditions indispensables pour assurer le bon et constant approvisionnement de Paris, l'ordre public, la salubrité des viandes offertes à la vente et les intérêts réciproques des approvisionnements et des acheteurs.

Ce vote était le plus important, et il a été pris à l'unanimité moins deux voix. Il n'est pas douteux que, sauf les intéressés, personne ne veut plus du monopole, tout le monde entend donner à la concurrence la plus grande extension possible.

Cette décision a été suivie d'une seconde qui confirme la première. Un membre ayant proposé de solliciter l'autorisation du colportage des viandes dans Paris, la commission a énergiquement protesté contre cette prétention.

Elle a proposé de maintenir le cautionnement des bouchers, sans doute afin d'en limiter le nombre et ne pas laisser à tout individu le droit de vendre de la viande sans offrir aux approvisionneurs et à l'administration des garanties certaines d'aptitude, de moralité et de crédit.

Quoi qu'il en soit, la commission du congrès a parfaitement entendu qu'il devait y avoir une caisse de crédit, puisqu'elle votait un cautionnement de 3 à 10,000 fr.; elle a pensé qu'on se rendrait compte des motifs de sa décision et a demandé la suppression de la caisse de Poissy, tandis qu'elle aurait dû borner son vœu à solliciter la modification des statuts et la réduction de ses conditions onéreuses.

Contrairement aux propositions de la commission, le congrès a voté la liberté du commerce de la boucherie, *sous la surveillance de l'administration*, ce qui équivaut à la liberté absolue, puisqu'il n'est pas de surveillance possible sans certains principes réglementaires.

Il a demandé, pour complément de son premier vote, que le colportage des viandes dans Paris fût permis, ce qui signifie empoisonnement général de tous les malheureux qui voudront manger de la viande à un excessif bon marché, et déperdition considérable de matière. Ce vote confirme notre première appréciation.

Il a maintenu la caisse de Poissy, en rappelant les conditions de son institution, mais sans imposer aux bouchers l'obligation de s'en servir comme intermédiaire entre eux et leurs vendeurs; c'est donc une suppression déguisée, car il faut à toute entreprise financière un capital de roulement. L'administration ne peut prendre à sa charge les frais énormes d'une banque de crédit sans être certaine d'en opérer le remboursement par le prélèvement d'une taxe régulière proportionnée à l'importance des services rendus; elle ne voudra pas tenter de spéculer sur les marchés de Sceaux et de Poissy, et abandonnera sans doute ces sortes de chances aux banquiers. Les bouchers prendront la peine de porter avec eux leur argent quand ils iront au marché, et, s'ils ont besoin du crédit qui est le mobile de tout commerce, ils emprunteront à la petite semaine. Quant aux approvisionneurs, s'ils redoutent de ne point être payés, ils n'amèneront pas leurs bestiaux aux marchés et les vendront à des commissionnaires : tels seraient les expédients et les moyens qu'une faible majorité du congrès aurait trouvés pour assurer l'approvisionnement de Paris et faire diminuer le prix des viandes, augmenter la consommation et combattre le monopole. Avec de semblables dispositions, on obtiendrait un résultat contraire.

Quant au cautionnement des bouchers, il est bien entendu que, la liberté illimitée étant proclamée, le congrès a été conséquent et l'a repoussé.

### DES CONDITIONS DE SURVEILLANCE NÉCESSAIRES POUR ASSURER L'ORDRE ET LA SALUBRITÉ.

La viande, cette partie essentielle de l'alimentation, ne peut se conserver comme les autres denrées; elle est soumise aux influences de la température; souvent, en quelques heures, en quelques minutes, les plus fraîches sont atteintes d'un certain degré de corruption qui peut altérer la santé de ceux qui en mangent; les animaux de boucherie sont d'ailleurs sujets à des maladies pestilentielles que les hommes de l'art ou des bouchers très-expérimentés peuvent seuls reconnaître, que l'animal soit vivant ou mort. L'autorité a donc toujours eu recours à des mesures spéciales pour garantir le consommateur contre la mise en vente des viandes insalubres et contre la déperdition de matières qui serait la conséquence de l'abandon de ces précautions.

C'est cette importante question de salubrité qui a toujours mis obstacle, excepté en 1791, et l'on sait ce qu'a coûté cette expérience, à l'adoption du régime de la liberté illimitée du commerce de la boucherie. Sans ce puissant intérêt, pourquoi ne vendrait-on pas la viande aussi librement que les autres denrées? Mais la santé publique est sous la sauvegarde de l'autorité, qui, sans entraver la liberté commerciale de la boucherie, la surveille, et, pour rendre cette surveillance réelle et efficace, la maintient dans certaines conditions.

La fabrication des suifs, la préparation du sang et des intestins des animaux, les compositions des produits chimiques, les fabriques de certaine nature qui produisent et répandent des odeurs pestilentielles ne peuvent être libres. Dê tous temps, l'intérêt public a exigé la surveillance la plus rigoureuse de certains commerces. Ceux qui demandent la liberté absolue de celui de la boucherie ignorent sans doute l'importance de ces prescriptions, ils ne se doutent pas à quels dangers la santé publique et les propriétés seraient exposées si chacun avait la liberté d'exercer à son gré son industrie, de la placer partout où bon lui semble; ils ne savent pas que cet immense approvisionnement qui entre chaque jour dans Paris ne passe des mains des producteurs ou des vendeurs à celles des consommateurs qu'après avoir subi l'examen d'agents préposés à s'assurer de leur sanité; qu'il existe une administration spéciale de salubrité, un conseil gratuit composé des hommes les plus éminents dans les sciences. Ne peuvent-ils pas, chaque jour, voir fonctionner les dégustateurs des vins, les vérificateurs des grains et farines, les inspecteurs et gardiens de tous les marchés de Paris, qui saisissent toutes les productions qui ne sont pas saines et marchandes? Se doutent-ils que les 15 ou 1,800,000 œufs qui sont vendus en un jour à la halle sont examinés et mirés par des agents de l'administration avant d'être livrés aux acquéreurs?

Non, ces garanties qu'offrent les règlements de police à la sécurité publique, à la moralité des transactions, sont inconnues de ces nombreux critiques qui se posent comme les défenseurs de la liberté de toutes les industries; qu'ils consultent donc les approvisionneurs directs, les gens qui achètent et fréquentent journellement les halles, ils leur répondront que les prévoyantes combinaisons administratives qui régissent les marchés de Paris sont nécessaires au bon ordre, à la salubrité, à la confiance des acheteurs, et n'enlèvent rien à leur liberté.

Toutes les industries ne peuvent donc pas être complétement libres, celle de la vente des viandes, substance alimentaire plus recherchée, plus susceptible et plus pernicieuse, encore moins que les autres.

Il est donc essentiel de maintenir les précautions qui ont été observées avec raison depuis l'origine de la boucherie; il est important que les animaux sur pied soient examinés avant d'être admis à la vente sur les marchés; que les chairs en soient vérifiées pour plus sûre garantie avant leur sortie des abattoirs; qu'elles soient encore inspectées journellement dans les étaux publics et particuliers avant d'être livrées aux consommateurs.

Il est de toute rigueur de maintenir les conditions réglementaires qui assurent la propreté et l'aération des boucheries, des abattoirs, des étaux, des lieux où l'on prépare les suifs, où l'on fait le lavage et la cuisson de certaines parties les plus corruptibles des animaux de boucherie avant d'en opérer la vente.

Ce sont là des conditions hygiéniques et de sûreté générale qui ne peuvent être supprimées; or, la liberté illimitée les détruit complétement, ou, *si on entend la liberté avec ces mesures restrictives, c'est celle que nous voulons.* Mais non, on veut que tout individu puisse faire à son gré le commerce de la viande, soit qu'il achète ou non les bestiaux dans les marchés publics, qu'il colporte la viande dans les rues, dans les maisons, qu'il puisse pénétrer dans l'asile du pauvre et lui offrir à vil prix une nourriture trop rare pour lui, mais qui toujours sera insalubre. Au nom de la liberté on veut assimiler ce colportage à celui des fruits et légumes, comme s'il n'y avait pas une différence entre des denrées où l'atteinte de la maladie est toujours lente, circonscrite, n'est point dangereuse, et celle de la viande, qui peut provenir d'un animal mort de maladie contagieuse, dont la putréfaction atteint spontanément tout le morceau, ce qui se reconnaît à peine à l'odorat par la plupart des gens qui n'ont pas l'habitude de manier la viande crue.

Ainsi le public ne pourrait se défendre comme quand il achète des légumes et du poisson; l'appât du bon marché ferait bien pénétrer la viande dans les ménages des 200,000 individus qui n'en mangent pas aujourd'hui, mais ce serait au détriment de leur santé; c'est, croyons-nous, l'argument le plus fort contre le colportage et la liberté illimitée.

Nous ne parlons pas des difficultés de la surveillance, elles seraient immenses; il faudrait mettre à chaque porte un agent sachant connaître le degré de sanité des viandes colportées.

La liberté du commerce a sans doute ses droits; mais la société a bien celui de se préserver contre les abus qu'on peut en faire. Ceux qui la représentent en usent en réglementant le commerce, en fixant les lieux et les heures des marchés, afin d'assurer l'abondance, la sincérité des cours et le meilleur marché par la concurrence, l'exactitude et la réalité d'une surveillance qui, au lieu de nuire aux transactions commerciales, les protége. La liberté absolue ferait-elle mieux qu'une administration dont la prévoyance est extrême, qui crée des institutions de crédit dans l'intérêt du producteur et de l'acheteur, qui place dans tous les lieux de vente des agents qui résument en eux les attributions d'experts, d'arbitres, de juges conciliateurs dans le cas où il s'élève des contestations entre le vendeur et l'acheteur, qui enfin représentent l'autorité et la force publique? Peut-on mettre en doute que cette action incessante ne produise un effet moral salutaire, et ne donne aux consommateurs parisiens ce degré de confiance dont ils ont tant besoin, lorsqu'ils achètent, par exemple, les parties les moins nutritives des animaux de boucherie, celles qui doivent avoir subi des lavages et préparations indispensables?

### MOYENS D'AUGMENTER LA CONSOMMATION DE LA VIANDE.

Nous ne pouvons passer sous silence deux considérations importantes.

On recherche les moyens d'augmenter la consommation de la viande, de la mettre à la portée d'un plus grand nombre de consommateurs, de dégager le commerce de tout ce qui le paralyse.

Deux conditions principales, l'une agricole, l'autre commerciale, dominent donc la question.

Il nous semble inutile de développer la première : les considérations qui l'entourent sont complexes, aussi variées que l'agriculture elle-même et que la diversité du sol de la France; elles peuvent se modifier à l'infini; mais, disons-le en passant, il importe que le gouvernement protége et encourage partout la reproduction des animaux de boucherie, l'amélioration des races par des croisements rationnels et par une nourriture plus abondante. Il a déjà obtenu de grands résultats en multipliant le concours au double point de vue de la ferme et de la boucherie; il faut encore qu'il excite l'agriculteur à améliorer ses terres en lui enseignant les nouveaux modes d'irrigation, de drainage, et les procédés les plus économiques de culture et d'élevage. Le sol, fécondé par une plus grande quantité d'engrais, produira plus de fourrage, par conséquent du bétail à bon marché, et par suite l'habitude de la viande pénétrera dans la population des campagnes, elle servira à l'alimentation des pauvres et des ouvriers de nos villes, et tout le monde sait que le plus grand nombre est privé de cette nourriture substantielle.

De toutes les questions économiques soumises aux hommes pratiques et aux représentants des intérêts nationaux, la plus vitale, la plus importante est donc celle de la production et du commerce des animaux de boucherie. Mais, quels que soient les sacrifices que s'imposera l'État, il n'obtiendra que de faibles résultats si la production, peut-être trop abondante aujourd'hui relativement à la consommation, n'est équilibrée, puis excitée par l'abaissement du prix de la viande.

Selon la loi commune, lorsque le produit est abondant, la valeur est moins élevée. En est-il de même de la production des bestiaux? Non sans doute. L'agriculteur à beau produire beaucoup et donner à bon marché, le prix de détail à l'étal reste toujours le même; de là vient que la consommation n'augmente pas et que l'éleveur, ne pouvant se défaire de ses produits, se décourage.

Ainsi, par une contradiction évidente, la solution du problème que l'on cherche consiste à obtenir le bon marché des viandes de boucherie afin de provoquer une plus grande abondance de production.

Il existe donc des causes exceptionnelles qui modifient étrangement, pour la partie la plus essentielle du commerce agricole, les conditions de prospérité qui sont les lois ordinaires des autres industries. En thèse générale, quand les quantités offertes dépassent les besoins, la fabrication s'arrête. L'agriculture, au contraire, a beau donner un surcroît de production et fournir à vil prix, la valeur de la revente des chairs ne diminue pas et la quantité consommée reste la même.

Il importe donc de rechercher quelles sont les causes fâcheuses qui paralysent la production, qui occasionnent le bas prix des bestiaux et maintiennent la cherté disproportionnée des viandes dans les étaux des bouchers.

Nul doute que nous ne les trouvions dans l'organisation actuelle de la boucherie parisienne.

Personne ne contestera l'influence considérable qu'exerce le commerce de la boucherie de Paris sur la valeur des bestiaux dans les trente départements producteurs qui, plus spécialement que les autres, approvisionnent la capitale. On ne peut mettre en doute que les prix qui y sont établis et qui sont publiés par les mercuriales ne déterminent ceux des animaux dans un rayon bien plus étendu.

Or, s'il est constant que les cours des bestiaux à Sceaux et à Poissy, seuls marchés où il soit permis de vendre et d'acheter pour la consommation de Paris, sont livrés au caprice et à la cupidité d'un petit nombre de bouchers qui, par association illicite ou autrement, ont détruit toute concurrence, même celle de leurs confrères, en accaparant et en monopolisant le commerce à leur profit; si, par la conséquence naturelle de ce monopole, la valeur des bestiaux dans les deux marchés et des viandes abattues et vendues dans Paris se trouve à la merci de ces mêmes marchands en gros, il est hors de doute que l'influence qu'ils exercent n'est ni rationnelle, ni juste, puisqu'elle ne résulte pas d'une légale et libre concurrence.

Si donc on reconnaît que là est le principe du malaise dont se plaignent les producteurs et les consommateurs, c'est là que nécessairement il faut appliquer le remède.

Divers systèmes sont proposés.

Les uns demandent la liberté illimitée dans son acception la plus absolue, c'est-à-dire que chacun aurait le droit d'acheter partout où il lui plairait, de revendre les animaux sur pied ou d'en débiter les chairs à domicile, de les colporter dans les rues, etc. Cette liberté serait l'abandon de toutes les précautions prises depuis l'origine de la boucherie pour sauvegarder la moralité des transactions, la sécurité de l'approvisionnement, l'ordre et la salubrité; ce serait l'abnégation de toute surveillance; elle est difficile aujourd'hui, elle deviendrait alors impossible.

D'autres veulent la liberté sous la surveillance de l'administration, et, cette surveillance étant impossible sans la règlementation, ce système équivaut à la liberté absolue.

Enfin les plus prudents, ceux qui envisagent la question au double point de vue d'une sage liberté et des difficultés administratives, qui connaissent mieux l'histoire de la boucherie parisienne et les désastreuses conséquences de la liberté qui lui fut donnée en 1791, qui savent combien il serait impossible de prémunir la population malheureuse de l'appât du bon marché, par conséquent d'une nourriture insalubre, ceux-là adoptent un système intermédiaire et désirent que la liberté, quelque impropre que doive paraître le mot, *soit réglementée.*

S'il y a différence d'opinions sur le plus ou moins de liberté à donner au commerce, cependant tout le monde s'accorde à demander la destruction complète du monopole des bouchers et la concurrence la plus étendue.

L'étude toute particulière de la question qui nous occupe nous a fait reconnaître les difficultés et les impossibilités matérielles et économiques qui s'opposent au régime de la liberté absolue; nous croyons qu'avant d'émanciper complétement l'industrie de la vente des viandes dans Paris il faut s'habituer progressivement à la liberté, qu'il est indispensable de rendre usuelle une alimentation dont aujourd'hui deux cent mille familles ne sauraient apprécier le degré de sanité. On arrivera à ce résultat par une plus grande liberté d'action donnée à la concurrence, ce qui nécessairement occasionnera une baisse notable dans le prix des viandes dépecées et doublera bientôt la consommation.

### DE LA LIBRE CONCURRENCE COMBINÉE AVEC LA LIBERTÉ RÉGLEMENTÉE.

Il résulte de l'ensemble de ce qui précède que la corporation des bouchers de Paris ne remplit plus le but de son institution. Assez nombreuse pour assurer, par la concurrence réciproque de chacun de ses membres, la valeur équitable des achats des animaux sur pied et celle de la revente des chairs à l'étal, par conséquent le meilleur marché possible, elle s'est scindée et n'offre plus ces conditions essentielles. En effet, 350 bouchers, n'ayant pas l'aptitude nécessaire, ont abandonné les marchés à bestiaux de Sceaux et de Poissy ; il s'est établi 50 marchands en gros qui achètent pour le compte de ces 350 incapables ; les autres 100 exercent tant bien que mal, mais toujours leurs opérations sont basées sur celles des 50 monopoleurs.

Par suite, les prescriptions des articles 11, 12 et 14 de l'ordonnance de 1829 sont tombées en désuétude. Les 50 marchands en gros ont monopolisé à leur profit la plus grande partie du commerce, parce que, peu nombreux et intéressés à ne pas se faire concurrence entre eux, ils se sont entendus et coalisés pour se rendre maîtres des prix des bestiaux, et maintenir à Paris la différence énorme que l'on remarque entre les prix d'achat et ceux de la revente au détail dans les étaux. Il est résulté de cette situation une dépréciation notable de matières premières au préjudice des producteurs et de l'agriculture en général, diminution de la consommation en viandes parmi les classes gênées et privation presque complète d'un aliment de première nécessité dans la classe pauvre.

On a senti la nécessité de remédier à cet état de choses, et on en a recherché les moyens, soit par la liberté, soit par une réglementation différente.

Nous espérons avoir déjà prouvé que le régime de la liberté absolue serait trop radical, qu'il produirait des résultats plus effrayants que les abus du monopole. Il faut donc trouver un palliatif, intermédiaire entre la liberté illimitée et les usages qui, contrairement aux ordonnances, ont supprimé la concurrence, l'âme de toutes les transactions.

Comment détruire le monopole et augmenter la consommation?

Nous répondrons qu'il faut se conformer au principe le plus absolu de l'économie politique..... considérer l'intérêt du consommateur comme l'intérêt dominant; les autres s'équilibreront nécessairement avec lui.

Partant de ce principe, la production se développera selon les besoins, la valeur s'établira et se reconnaîtra par les quantités offertes et celles demandées.

Il importe donc de mettre en présence le producteur et le consommateur, sans avoir égard à l'intermédiaire; si celui-ci est nécessaire, il se crée du consentement des deux parties principales; mais, comme cet intermédiaire a intérêt à cacher aux consommateurs les quantités apportées, et au producteur les nécessités qui se manifestent, il faut s'en méfier et s'en passer, si c'est possible.

Dans le commerce de la boucherie, il est un intermédiaire utile, nécessaire même dans certains cas : c'est le boucher. Il a droit à l'intérêt, à la sollicitude de l'autorité, mais celle-ci ne doit pas l'imposer; il est plus juste de donner au consommateur toute liberté pour acheter au meilleur marché possible, et au producteur toutes facilités pour le placement de ses produits.

La boucherie parisienne proteste contre toute atteinte portée aux bases de son institution; elle prétend que l'administration a pris envers elle un engagement moral, en la plaçant en dehors du droit commun, en la soumettant à des règles restrictives de la liberté commerciale, en lui imposant des conditions onéreuses en échange du privilége qu'elle lui a donné de vendre seule de la viande.

Ce raisonnement pouvait être bon autrefois, alors que les bouchers exécutaient fidèlement leurs promesses; mais, depuis longues années, elles sont tombées dans l'oubli. L'administration leur avait donné l'entreprise de l'approvisionnement en viandes de Paris, sous conditions et avec des avantages réciproques, et la part des bouchers était belle. Qui donc la première, de l'administration ou de la corporation, a manqué à ses engagements? Quel est, de l'intérêt public ou de celui des privilégiés, celui qui a été lésé?

Contrairement aux stipulations, la corporation s'est recrutée d'individus qui ne remplissaient pas les conditions de l'article 3 de l'ordonnance de 1829. L'ignorance des connaissances pratiques de l'état a nécessité un second intermédiaire entre le producteur et le consommateur; cet intermédiaire, marchand en gros, était riche, homme de métier; il s'est fait spéculateur : il a pressuré le vendeur de bestiaux, il a imposé les conditions onéreuses de la vente à la cheville à ses coprivilégiés, approvisionneurs plus directs qui, à leur tour, ont exigé des prix en dehors de toute proportion avec le cours réel de l'achat des bestiaux. Ces marchands en gros contreviennent chaque jour aux règlements : ils arrhent les animaux dans les étables, dans les campagnes, sur les routes; ils ont organisé une vente au regrat, celle de la cheville. L'administration est libre à son tour, car elle ne peut être plus liée que la corporation, et, si elle reconnaît que l'intérêt public exige l'abrogation des anciennes ordonnances, c'est pour elle un double motif de rompre définitivement le contrat passé.

Cet intérêt public est manifeste. Les abus du monopole ayant détruit toute concurrence, le producteur et le consommateur ont dû chercher à se rapprocher pour échapper aux étreintes d'un intermédiaire ruineux; mais ils n'ont pu y parvenir sans la participation de l'autorité, qui juge de l'opportunité et de l'étendue des réformes. Celle-ci est disposée à donner satisfaction aux deux grands intérêts trop longtemps sacrifiés; si elle hésite, c'est parce qu'il y a divergence d'opinions sur les moyens à employer; elle veut éviter, en réprimant l'avidité des uns, d'ouvrir carrière à celle des autres; elle comprend qu'avec la liberté absolue, les abus sont possibles et moins faciles à maîtriser; elle étudie, elle consulte : confions-nous en son patriotisme éclairé.

Qu'on nous pardonne d'oser donner notre opinion : elle est dictée par l'expérience et la connaissance des plus minutieux détails. Nous avons vu les choses d'assez près pour apprécier les conditions indispensables de l'approvisionnement de Paris; nous avons cherché le moyen de concilier les intérêts agricoles, les besoins commerciaux avec les exigences administratives; mais l'étude du passé, qui ne nous a pas semblé hors de propos, celle de la situation depuis cinquante ans; la crainte de livrer la santé publique à tous les hasards, à tous les dangers de la liberté, si elle n'était réglementée, nous ont fait faire violence à des sentiments plus libéraux que ceux que nous émettons, et, tout en reconnaissant qu'il est des réformes importantes à faire, des abus odieux à réprimer, il nous a été impossible d'admettre que la liberté absolue du commerce de la boucherie fût *encore* praticable. Nous pensons qu'avant sa complète émancipation, il convient de rendre l'usage de la viande plus habituel; qu'il faut le faire pénétrer partout, mais surtout dans ces classes si nombreuses de citoyens qui en mangent peu ou n'en mangent pas du tout. Alors encore faudra-t-il les prémunir contre les offres de viandes insalubres ou provenant d'animaux malades que l'appât du bon marché leur ferait accepter. Plus tard, lorsque la population entière aura appris à se défendre elle-même, la surveillance de l'autorité sera facile, tandis qu'elle serait impossible aujourd'hui, avec la liberté illimitée.

Ce qu'on doit faire et ce qu'il y a de plus urgent, c'est de détruire le monopole, cause principale de la cherté des viandes : on y parviendra en organisant et protégeant le commerce, non par la liberté de 1791, qui produisit tant de désordres, mais par celle qui, entourée d'institutions protectrices, garantit l'abondance, l'ordre, la salubrité, assimile et concilie les droits et les intérêts de tous.

En donnant à la concurrence tout le développement qu'elle peut atteindre, sans compromettre ces conditions, qu'il faut sauvegarder avant tout, il n'y aura que des intermédiaires utiles; ils se feront entre eux une concurrence sérieuse; les producteurs la leur feront à leur tour, de sorte qu'on substituera au monopole de quelques-uns un nombre plus considérable d'approvisionneurs qui lutteront entre eux pour offrir de plus grandes quantités et de meilleures qualités; l'abaissement de prix qui en résultera rendra l'usage des viandes plus facile et plus fréquent parmi les classes inférieures; il est réduit à si peu de chose qu'on peut facilement prévoir que la consommation doublera en peu de temps, sans atteindre encore, pour chaque individu, la proportion d'une ration capable de donner la force et d'entretenir la santé.

## PLAN D'ORGANISATION DE LA LIBRE CONCURRENCE.

Nous l'avons déjà dit, ce qu'a fait l'administration depuis 1848 pour s'opposer aux abus du monopole doit être considéré comme la base de la réorganisation du commerce de la boucherie; c'est le programme le plus sage, le plus prudent et le seul possible. Il ne reste plus qu'à le développer et assurer ce qu'il a promis par des institutions régulières.

On cherche à augmenter l'aisance générale par le bon marché des viandes et une plus grande consommation de cette denrée; on espère ainsi élever les salaires et améliorer le sort de la classe pauvre. Ce problème ne sera résolu qu'en organisant la concurrence la plus large, celle que promettent les nécessités de l'approvisionnement et de l'hygiène publique, et en réduisant le plus possible les faux frais qui enchérissent inutilement la viande.

Nous considérons que trois sortes de concurrences peuvent se former dans le commerce de la boucherie parisienne; elles doivent être indépendantes l'une de l'autre. Tout individu doit être admis à vendre s'il se conforme aux conditions réglementaires : c'est ainsi qu'on mettra obstacle à toute coalition, à tout accaparement, et que l'on arrivera à organiser des concurrences sérieuses et suffisantes:

La 1re, celle que les bouchers urbains se feront mutuellement;

La 2e, celle qu'un certain nombre de marchands forains vendant dans les marchés publics feront aux bouchers;

La 3e, celle que feront aux deux premières les producteurs ou fermiers qui expédieront directement au marché de la criée.

Ces trois systèmes assureront le bon marché et la valeur équitable pour tous.

Nous avons parlé d'une autre condition importante, celle de dégrever la marchandise d'une fraction notable des frais qui pèsent sur les produits. On peut obtenir ce résultat 1° en rapprochant les marchés à bestiaux de Paris, 2° en autorisant l'abatage des animaux non vendus et la vente de leurs chairs au marché de la criée, 3° en modifiant la perception des droits fiscaux et créant des factoreries sur les marchés à bestiaux.

Examinons ces diverses conditions :

### LA CONCURRENCE DES BOUCHERS ENTRE EUX.

Nous ne sommes pas convaincu que la délimitation du nombre des bouchers établis à Paris assure contre les abus que l'on veut atteindre et garantisse efficacement la bonne qualité et le prix équitable des viandes; cependant nous pensons qu'on peut étendre jusque-là les limites de la liberté, certain que, dans peu de temps, les établissements de boucherie qui se formeront aussitôt après que la délimitation aura été proclamée se limiteront eux-mêmes.

Nous sommes persuadé que la concurrence faite par les bouchers forains et les producteurs aura pour conséquence de réduire le nombre des bouchers de Paris; mais ceux qui résisteront, s'ils remplissent tous les conditions du métier, s'ils achètent et revendent eux-mêmes, seront des intermédiaires sérieux, et les bénéfices généraux, répartis sur un moins grand nombre, réduiront les frais actuels d'exploitation, ce qui encouragera ces bouchers à offrir de plus grandes quantités et à maintenir la concurrence de qualité et de prix.

Pour encourager les producteurs à envoyer leurs bestiaux aux marchés et leur ôter le prétexte de les conduire ailleurs ou de les vendre à l'étable à des commissionnaires, ce qui augmente la valeur de la marchandise, il importe de leur donner l'assurance du paiement comptant; pour cela, il faut maintenir la caisse de Poissy, sauf à rendre les conditions moins dures et laisser aux bouchers la faculté de s'en servir.

Le syndicat de la boucherie devrait être conservé, mais son action restreinte aux seuls intérêts de la corporation.

### LA CONCURRENCE DES MARCHANDS DE VIANDES.

Si le commerce de la boucherie était livré aux seuls bouchers urbains, nul doute que, quelles que fussent les précautions prises, les abus reprendraient leur empire. Il faut donc opposer au commerce parisien des industriels d'un autre genre, pour mieux dire des marchands de viandes dont les intérêts rivaux les séparent entièrement de la compagnie des bouchers. Pour que les uns et les autres ne puissent détruire mutuellement leur commerce par association ou la concurrence d'étal à étal, il convient de réunir les marchands de viandes, selon les besoins de la population de chaque quartier, dans les divers marchés publics, et multiplier ceux-ci.

Le nombre des marchands bouchers qui, actuellement, vendent dans les marchés publics, est de 161, dont 120 industriels forains, ayant étal à leur domicile; nous pensons que ce nombre devrait être porté à 300.

Tout individu âgé de vingt et un ans, ayant exercé la profession de boucher ou d'étalier pendant deux ans, devrait être apte à exploiter un étal.

Ils ne pourraient exercer le métier, dans Paris, ailleurs que sur les marchés publics; les forains ne devraient pas être obligés d'avoir un établissement de boucherie à la banlieue, ainsi que cela a lieu actuellement, le surcroît de dépense qui en résulte grevant d'autant la marchandise vendue à Paris; ils seraient tenus d'occuper ou d'exploiter eux-mêmes ou par gens à leur service depuis au moins deux ans, ce dont ils justifieraient.

Les étaux devraient être loués à vie, ils seraient transmissibles à l'héritier direct qui aurait occupé conjointement avec le titulaire pendant deux ans : c'est la règle commune à tous les marchés de Paris; cette condition assurerait des approvisionneurs sérieux.

Tout trafic d'étal, toute inoccupation pendant trois jours entraînerait l'exclusion pendant un an.

Les étaux devraient être tous les jours suffisammant garnis des diverses qualités de viandes, sous peine d'exclusion pendant trois mois.

### LA CONCURRENCE DES PRODUCTEURS A LA VENTE A LA CRIÉE.

Cette nouvelle institution offre des avantages certains; c'est elle qui a menacé sérieusement le monopole; c'est en quelque sorte depuis sa création que la résistance des bouchers de Paris s'est montrée plus vive et plus hostile, parce que c'est elle qui les a le plus remplis d'inquiétude. En effet, elle supprime la plupart des intermédiaires entre les producteurs et les consommateurs, sans respecter même le boucher. Que la vente à la criée soit protégée par des conditions moins onéreuses que celles aujourd'hui imposées, qu'on y attire non-seulement la boucherie foraine, mais surtout les producteurs, elle deviendra le pivot du commerce de la boucherie. En maintenant la rivalité des bouchers entre eux, et celle des marchands de viandes contre ceux-ci, elle rendra impossible leur coalition, parce qu'elle se posera entre ces deux industries, vendant à l'une et à l'autre et leur faisant en même temps la concurrence la plus sûre, la plus équitable, puisque le consommateur pourra s'y approvisionner.

Qu'il y ait liberté absolue, délimitation ou limitation du nombre des bouchers, le marché à la criée, la vente directe du producteur au consommateur est le seul coercitif contre les abus inhérents au régime de la liberté et à la réglementation; il sera le type et le régulateur des cours des autres marchés à viandes, des étaux de la boucherie parisienne, et même des marchés à bestiaux, mais il faut lui donner une importance qu'il n'a pas encore en le rendant accessible à tous les producteurs et à tous les consommateurs.

Jusqu'ici, il n'y a eu réellement pour acheteurs à la vente aux enchères que quelques bouchers, les autres consommateurs en ont été évincés par toutes sortes d'entraves. Cependant les clients naturels de ce marché doivent être non-seulement les marchands de viandes, mais encore les militaires, les chefs d'ateliers, les établissements publics et les familles nombreuses qui consomment beaucoup ; si tel ne devait point être l'avantage de ce système de vente, il vaudrait mieux le supprimer, parce qu'il n'atteindrait pas le but proposé et qu'il serait inutile.

Mais telle n'est pas l'intention de l'administration : elle a voulu et veut encore loyalement combattre le monopole, extirper les abus et amener l'abondance ; la vente à la criée largement instituée est son moyen le plus assuré, elle sera maintenue.

Posons-en les conditions principales :

### CONDITIONS ESSENTIELLES DE LA VENTE A LA CRIÉE.

Ainsi que cela se pratique, les seules viandes provenant de l'extérieur ou des abattoirs spéciaux des marchés à bestiaux dont nous parlerons tout à l'heure, seraient admises à la criée, elles y seraient vendues par un facteur, intermédiaire obligé et responsable. Ces agents offrent des garanties de moralité et de crédit, parce qu'ils sont nommés et surveillés par l'administration et qu'ils sont soumis à un cautionnement.

Pour éviter le détournement des expéditions, le colportage ou la vente à domicile, nous pensons que toutes les viandes destinées à la criée devraient être escortées des barrières d'introduction jusqu'au marché (1).

Comme il importe de favoriser ce marché et de maintenir en même temps les droits que la ville de Paris prélève sur certains objets de consommation, comme il serait injuste à elle de faire payer aux viandes expédiées à la criée la fraction de droit afférente à la caisse de Poissy et aux abattoirs dont les producteurs ne se servent pas, il conviendrait de ne les soumettre qu'aux droits suivants :

(1) Un service semblable a été organisé, dans le courant de 1850, pour l'accompagnement des volailles, gibiers, poissons, beurres et œufs destinés à être vendus dans les marchés en gros. L'escorte des viandes est tout aussi facile, elle est plus nécessaire.

| | | |
|---|---|---|
| Droit actuel d'introduction aux barrières ou d'octroi, par kil. | 6 c. | 424 mill. |
| Dixième du Trésor public. . . . . . . . . . . . . | » | 642 |
| Indemnité pour l'accompagnement et autres frais municipaux. | » | 434 |
| Commission de vente aux facteurs. . . . . . . . . . . | 1 | » |
| Droit de pesage, qui varierait selon le poids; moyenne. . . | » | 500 |
| Total par kilogramme. . . | 8 c. | » mill. |

Elles seraient encore soumises aux dépenses de déchargement et de resserre, qui n'entrent pas dans la caisse municipale.

Il serait bien d'autoriser la réexportation des viandes non vendues à la criée moyennant l'acquit d'une fraction des droits d'entrée, la ville devant être indemnisée de ses dépenses administratives.

Pour favoriser l'approvisionnement à bon marché des familles gênées ou pauvres, et pour donner *aux seuls bouchers de Paris* la facilité d'écouler les basses viandes, il conviendrait de créer une vente à la criée spéciale où ne se vendraient que les parties inférieures du bœuf qui seraient déterminées par l'autorité; cette vente pourrait avoir lieu de trois à cinq heures ou de sept à neuf du soir.

Nous croyons qu'il serait contraire à toute pensée économique d'établir, dès le commencement du moins, plus d'un marché à la criée dans Paris. Il ne faut point diviser l'approvisionnement principal pour ne pas disséminer les acquéreurs. Agglomérer, au contraire, est le plus sûr moyen d'assurer la concurrence réelle et profitable pour tous, et d'établir la véritable valeur du produit par la connaissance des quantités offertes et de l'importance des demandes.

D'ailleurs tous les quartiers de Paris profiteront des résultats de la vente à la criée, parce que c'est là que la plupart des marchands de viandes des marchés publics iront s'approvisionner.

Il serait très-important d'inspirer aux producteurs une confiance entière, de leur assurer le paiement immédiat de leurs apports. Le facteur de la vente à la criée est, il est vrai, soumis à un cautionnement de 10,000 fr.; mais cette garantie est dérisoire, alors qu'il peut se faire pour plusieurs millions de ventes sur un marché, et que ce facteur est, par la nature même des affaires, forcé d'accorder des crédits à un grand nombre d'acquéreurs, ce qui, par conséquent, l'expose à des pertes considérables.

L'administration est moralement responsable de l'exactitude des paiements du facteur, puisque c'est elle qui impose cet intermédiaire et qu'elle s'engage à surveiller ses opérations dans l'intérêt public;

mais elle ne peut être initiée à toutes les circonstances qui déterminent la valeur des crédits qu'il peut faire, elle doit en prévoir les conséquences, et mettre sa responsabilité à l'abri en entourant les transactions de garanties qui assurent l'approvisionneur et le facteur lui-même contre toutes les chances de pertes.

Quelles que soient l'honorabilité et la fortune d'un facteur, il ne peut offrir assez de garanties pour inspirer la confiance aux approvisionneurs; lui-même en a besoin vis-à-vis certains acquéreurs. Il est donc indispensable que l'administration étende l'action de la caisse de crédit qui sera établie pour les marchés à bestiaux sur les opérations du marché à la criée des viandes dépecées.

On pourrait imposer aux marchands de viandes des marchés publics, acquéreurs les plus certains et les plus réguliers de la vente à la criée, à ceux seulement qui voudraient profiter de l'intervention de la caisse, un dépôt de garantie qui serait fixé par l'administration.

Le facteur, pour sa sûreté personnelle et celle des expéditeurs, devrait pouvoir exiger également un cautionnement des établissements publics et de ceux enfin qui demanderaient à profiter quotidiennement du crédit qui facilite les achats en gros; ce cautionnement serait versé, comme celui des marchands de viandes, à la caisse de crédit.

### DES MOYENS DE DÉGREVER LES VIANDES DES FRAIS INUTILES.

Il ne suffit pas, pour obtenir l'abaissement du prix des viandes dans Paris, d'organiser la concurrence; elle aurait certainement pour résultat l'augmentation de la valeur des bestiaux et la réduction du prix de la revente au détail. Mais là n'est pas toute l'économie à laquelle on doit atteindre; il faut encore encourager les agriculteurs et les approvisionneurs, les attirer sur les marchés en rendant leur commerce plus facile et moins coûteux.

Les producteurs n'épargnent rien pour l'élevage des animaux; mais, dès qu'ils ont obtenu l'état de graisse voulu, ils ne peuvent les garder sans préjudice. Or, il faut qu'ils les vendent dans le plus bref délai, les soins, les voyages, les pertes de temps, les frais accessoires diminuant chaque jour la valeur marchande.

Il est un fait bien attesté, c'est que les éleveurs redoutent de conduire leurs bestiaux aux marchés de Sceaux et de Poissy, parce qu'ils ne sont pas assurés de la vente, la concurrence des acheteurs parisiens y étant nulle et celle des bouchers forains ne leur offrant pas toujours les garanties qu'ils désirent.

S'ils viennent, par exemple, à Poissy, l'un des deux marchés où il leur soit permis de vendre, ils se trouvent à la merci de cette portion de la corporation des bouchers de Paris monopolisante, qui fixe arbitrairement les prix; ils sont donc obligés de vendre, quelle que soit la valeur qu'on leur offre, car ils ne peuvent ramener leurs bestiaux chez eux à cause des frais énormes et tout à fait inutiles qui résulteraient d'un double voyage. Pour ne pas attendre huit jours, ils sont donc forcés de les conduire à Sceaux, à dix lieues de là, et alternativement; c'est au moins une perte de quatre jours de garde, de nourriture, c'est double droit de marché à payer, c'est un préjudice porté à l'engraissement et au prix de l'animal. Toutes ces pertes, ces dépenses et celles accessoires peuvent être évaluées de 20 à 25 fr. par bœuf.

Ce sont là des conditions fort onéreuses et très-gênantes qui éloignent un grand nombre d'approvisionneurs des marchés de Sceaux et de Poissy; ils préfèrent conduire leurs bestiaux ailleurs ou les vendre à domicile à des commissionnaires ou aux agents des bouchers chevillards de Paris. Ainsi les marchés sont moins bien approvisionnés qu'ils pourraient l'être, et les bénéfices que prélèvent les intermédiaires augmentent la valeur de la marchandise.

Il est encore des causes qui font enchérir les bestiaux.

C'est d'abord l'éloignement de Paris des marchés d'approvisionnement, Sceaux et Poissy. Les bouchers parisiens sont forcés de s'y rendre deux fois par semaine; les frais de déplacement, la perte de temps, l'abandon de leurs établissements, l'apport du numéraire soit par la caisse de Poissy, soit par eux-mêmes, la conduite des bestiaux, les frais de garde, les dépenses inutiles, mais obligées, avec les vendeurs ou des collègues, sont autant à ajouter au prix des animaux.

En second lieu, les producteurs ont un surcroît de trajet de dix lieues à faire s'ils arrivent du nord à Paris pour aller à Sceaux; il en est de même pour ceux qui proviennent du sud et se rendent à Poissy. Cette prolongation de parcours, aller et retour, au delà des lieux de la consommation, est inutile; elle est d'ailleurs pénible et embarrassante sur des routes si voisines de la capitale, elle augmente les frais d'arrivage, cause une déperdition de poids et de valeur, et cela sans profiter à personne, et aux dépens de la production et de la consommation.

Pour remédier à ces inconvénients, il serait économique de rapprocher les marchés à bestiaux de Paris et de supprimer ceux de Sceaux et de Poissy. Nous pensons qu'un marché unique, situé au nord ou au sud de la capitale, mais rapproché des barrières, offrirait des avantages considérables.

Pour éviter aux approvisionneurs les inconvénients d'une non-vente, pour enlever aux acheteurs l'un des principaux motifs qui leur font pressurer les vendeurs, *il faudrait que le marché fût quotidien*. Bien mieux, il serait convenable d'établir un abattoir spécial près du marché, pour l'abatage des animaux non vendus. Au lieu de céder à vil prix ses bestiaux, le producteur ferait abattre, vendrait la chair à l'abattoir, l'enverrait aussitôt au marché à la criée. Les peaux, les suifs, etc., seraient également vendus aux enchères, à l'abattoir, par l'intermédiaire des facteurs qu'il sera essentiel de créer, non-seulement à cet effet, mais aussi pour la vente de toute espèce d'animaux de boucherie ou pour recevoir les consignations des producteurs.

Dans tous les cas, si les marchés de Sceaux et de Poissy ne sont pas transférés à Paris, il importe d'y créer au plus tôt des abattoirs ayant la même destination que celle que nous proposons pour le marché de Paris.

Le nombre des bestiaux vendus à Sceaux et à Poissy s'élève en moyenne chaque année à 1,211,800 têtes et ont une valeur de 85,000,000 de fr.; les bouchers de Paris en achètent 642,685, qui valent 43,678,383 fr.

La caisse municipale, loin de perdre à la translation des marchés, verrait augmenter ses revenus, puisqu'elle percevrait le droit de marché sur la totalité des animaux vendus, soit pour l'approvisionnement de Paris, soit pour les environs et même pour le département de Seine-et-Oise; elle pourrait diminuer les droits de la caisse de Poissy, puisque les frais qu'elle est obligée de faire pour le déplacement du personnel et le transport du numéraire seraient annulés. Enfin, Paris s'agrandirait autour du marché, diverses industries s'y installeraient, la caisse municipale profiterait encore de l'augmentation importante des constructions, de la consommation qui en résulterait.

Nous avons établi que la surveillance sanitaire et la police de la vente des viandes étaient en quelque sorte livrées au syndicat de la corporation des bouchers, au grand détriment de la sécurité publique et des convenances administratives ; c'est ainsi que l'avait voulu l'ordonnance de 1830.

Nous croyons que la boucherie doit être surveillée exclusivement par l'autorité. Il ne faut pas s'effrayer des difficultés dont semblent menacer le syndicat et les partisans du monopole, elles peuvent être résolues par l'exécution même des prescriptions réglementaires existantes, qui sont les suivantes :

1° Vérification de tout animal amené au marché pour y être vendu, renvoi de ceux malades ou suspects de l'être;

2° Inspection de toutes les viandes, avant leur sortie des abattoirs, dans les étaux des bouchers et ceux des marchands de viandes;

3° Interdiction du colportage, de la vente à domicile et en quête d'acheteur;

4° Conditions de propreté et d'aération des étaux et autres lieux où l'on vend et entrepose les viandes.

On pourrait ajouter à ces articles les suivants :

1° Inspection aux barrières d'introduction des viandes entrant à destination pour les particuliers et les marchands de viandes;

2° Escorte de celles destinées à la criée, et vérification au marché;

3° Les boutiques des bouchers, les locaux affectés à la conservation, à la préparation ou au dépôt des viandes, devraient être considérés comme lieux publics et soumis à l'inspection journalière des préposés à la surveillance, sans que ceux-ci fussent obligés de se faire assister par un commissaire de police.

Cette organisation du commerce de la boucherie de Paris est loin, sans doute, de satisfaire les idées de liberté absolue qui surgissent de toutes parts; mais nous avons la conviction profonde et consciencieuse que le système de libre concurrence, dont nous avons posé précédemment les principes généraux, est le seul moyen de garantir en tous temps l'approvisionnement de la capitale, de rendre impossible l'accaparement et le monopole, d'assurer le bon ordre, la salubrité, le bon marché, l'augmentation de la consommation, celle des salaires des ouvriers, et de protéger les intérêts si précieux de l'agriculture.

La plus grande erreur de la plupart de ceux qui veulent abolir le monopole, c'est de croire qu'il n'est plus qu'un seul moyen, celui de proclamer la liberté absolue. Nous croyons qu'elle serait essentiellement hostile à toute pensée de progrès, à toute réforme économique et au bon ordre; car nous ne pouvons appeler progrès la liberté qui peut dégénérer en licence; elle ne serait pas économique, si elle enlevait le monopole aux bouchers pour le faire passer dans les mains des spéculateurs, si elle favorisait l'agiotage et le gaspillage. Nous pensons que l'ordre public serait compromis, si le colportage et l'absence d'une réglementation exposaient la santé de cette partie nombreuse et remuante de la population parisienne, si avide d'une nourriture dont elle a été longtemps privée.

Les hommes qui sont le plus initiés au système de l'approvisionnement de Paris, qui connaissent dans tous leurs détails les habitudes, les mœurs, les besoins et les exigences des acheteurs et des vendeurs, les moyens de tromperie que ces derniers emploient; qui savent combien sont devenues nécessaires les précautions de la surveillance administrative et qui ont la conviction qu'elle seule peut garantir énergiquement tant d'intérêts divers, ceux-là redoutent la liberté sans limite. Ils ne repoussent pas les réformes qui peuvent et qui doivent contribuer à améliorer moralement et matériellement le sort des classes ouvrières et malheureuses, puisque eux-mêmes ont été les premiers à les signaler; ils ne rejettent qu'un système, qu'ils considèrent comme impossible aujourd'hui, parce qu'il faut que chaque chose se fasse à son temps et à son heure; ils ne veulent pas que, sous le masque chimérique d'une liberté menteuse (car nous défions qu'elle soit jamais absolue), on désorganise et qu'on bouleverse; mais ils veulent les réformes utiles, les améliorations vraies, la destruction des abus et du monopole; ils demandent la liberté, à condition qu'elle sera réglementée, qu'elle assurera, par la plus large concurrence, le meilleur marché possible des viandes, et donnera confiance et sécurité aux consommateurs, aux producteurs.

BORRELLI DE SERRES.

Paris. — Imprimerie Gerdès, 44, rue St-Germain-des-Prés.

www.ingramcontent.com/pod-product-compliance
Ingram Content Group UK Ltd.
Pitfield, Milton Keynes, MK11 3LW, UK
UKHW022138190726
13855UKWH00003B/1225

9 782013 402910